Ted Fowler

Erfolgreich zur PSD-Zertifizierung

Vorbereitung auf die Scrum.org Professional Scrum Developer Zertifizierung

tredition

© 2024, Ted Fowler

Druck und Distribution im Auftrag des Autors
tredition GmbH, Heinz-Beusen-Stieg 5, 22926 Ahrensburg,
Deutschland

Inhaltsverzeichnis

SCRUM EREIGNISSE: SPRINT, SPRINT PLANNING, DAILY SCRUM, SPRINT REVIEW, SPRINT RETROSPECTIVE

TIPPS UND STRATEGIEN ZUR ERFOLGREICHEN PRÜFUNGSVORBEREITUNG

RESSOURCEN UND WEITERFÜHRENDE LITERATUR FÜR SCRUM DEVELOPER

Einführung in Scrum und die PSD-Zertifizierung

Die Geschichte und Grundlagen von Scrum

Die Geschichte von Scrum ist tief in der Evolution der Software-Entwicklung und deren Wechsel von traditionellen Methoden zu agilen Ansätzen verwurzelt. Das Scrum-Framework, das heute eine der populärsten agilen Methoden darstellt, hat seine Ursprünge in den späten 80er und frühen 90er Jahren, als die Bedürfnisse der Software-Entwicklungsbranche nach effizienteren und flexibleren Prozessen immer dringlicher wurden.

Ken Schwaber und Jeff Sutherland gelten als die Väter von Scrum. Sie entwickelten und verfeinerten Scrum als Antwort auf die Ineffizienzen und Herausforderungen, die sie in traditionellen Projektmanagement-Methoden erlebten. Es war während der OOPSLA-Konferenz (Object-Oriented Programming, Systems, Languages & Applications) im Jahr 1995, als sie erstmals Scrum offiziell vorstellten.

Der Begriff "Scrum" selbst wurde von Hirotaka Takeuchi und Ikujiro Nonaka inspiriert, die das Konzept in ihrem bahnbrechenden Artikel „The New New Product Development Game" im Harvard Business Review 1986 beschrieben. Takeuchi und Nonaka verwendeten den Begriff, um eine flexible und schnelle Entwicklungsstrategie zu beschreiben, die ähnlich wie das gleichnamige Rugby-Scrum funktioniert, bei dem ein Team eng zusammenarbeitet, um voranzukommen.

Die frühen Ausarbeitungen von Schwaber und Sutherland förderten ein Modell, das iterativ und inkrementell ist, welches die Interaktion und Zusammenarbeit von Teams betont. Dieses Modell stellt eine klare Abkehr von traditionellen, wasserfallartigen Paradigmen dar, die auf ein sequenzielles Vorgehen und strikte Dokumentation setzen. Scrum, wie wir es heute kennen, ist das Ergebnis dieser Iterationen und Anpassungen und hat sich innerhalb der agilen Bewegung als Standardwerk etabliert.

Eines der grundlegenden Prinzipien von Scrum ist seine Betonung auf kontinuierlichen Verbesserungen und Anpassungen. Durch regelmäßige Inspektionen und Anpassungen („Inspect and Adapt") ermöglicht Scrum Teams, flexibel auf Veränderungen und neue Erkenntnisse zu reagieren.

Dies steht in starkem Kontrast zu traditionellen Methoden, die oft einen rigiden Plan verfolgen, der von Anfang an feststeht und wenig Raum für Änderungen lässt.

Scrum basiert auf drei Hauptsäulen: Transparenz, Überprüfung und Anpassung. Diese Säulen formen das methodische Rückgrat von Scrum und werden durch eine Reihe klar definierter Artefakte, Rollen und Ereignisse unterstützt, die in späteren Kapiteln dieses Buches detailliert erläutert werden. Für eine grundlegende Einsicht ist es jedoch wichtig zu verstehen, dass Scrum-Teams regelmäßig die Fortschritte ihrer Arbeit überprüfen und ihre Vorgehensweise basierend auf den Beobachtungen anpassen, um optimale Ergebnisse zu erzielen.

Transparenz bedeutet in Scrum, dass alle Aspekte des Entwicklungsprozesses, die den Fortschritt des Produkts beeinflussen, sichtbar und verständlich für alle Beteiligten sind. Dies wird durch klare Definitionen von „Erledigt" (Definition of Done) und durch das tägliche Standup-Meeting, bekannt als Daily Scrum, sichergestellt. Hier tauschen Teammitglieder Informationen aus und planen gemeinsam die nächsten Schritte.

Überprüfung findet in Scrum regelmäßig statt, insbesondere während der Sprint Reviews und Retrospektiven. Während des Sprint Reviews demonstriert das Team ihr Inkrement – das Ergebnis ihrer Arbeit – und sammelt Feedback von Stakeholdern. In der anschließenden Retrospektive reflektiert das Team über den vergangenen Sprint und identifiziert Verbesserungsmöglichkeiten für zukünftige Sprints.

Anpassung ist das Herzstück der agilen Philosophie und ist in Scrum zentral verankert. Basierend auf den Erkenntnissen aus den Überprüfungen passen Teams ihre Strategien und Prozesse kontinuierlich an. Dies sorgt dafür, dass sie effizient und effektiv bleiben und ihre Ziele trotz sich ändernder Anforderungen und Bedingungen erreichen können.

Die praktische Anwendbarkeit von Scrum und seine Fähigkeit, sich flexibel an Anforderungen anzupassen, hat dazu geführt, dass es weit über den Bereich der Software-Entwicklung hinaus in vielen anderen Domänen wie Marketing, HR und sogar im Bildungswesen Einzug gehalten hat. Die Prinzipien und Praktiken von Scrum haben sich als universell wertvoll erwiesen, was zu seiner weitverbreiteten Akzeptanz und Anwendung geführt hat.

Im nächsten Abschnitt werden wir tiefer in die spezifischen Rollen, Artefakte und Ereignisse eintauchen, die Scrum definieren. Diese Komponenten sind essentiell, um Scrum korrekt zu implementieren und zu nutzen, und bieten eine strukturierte und dennoch flexible Herangehensweise an die Entwicklung komplexer Produkte und Projekte.

Rollen, Artefakte und Veranstaltungen in Scrum

Das Scrum-Framework ist eine zielgerichtete Methode zur agilen Softwareentwicklung, die darauf abzielt, produktive und qualitativ hochwertige Arbeitsumgebungen zu schaffen. Innerhalb dieses Frameworks spielen die Rollen, Artefakte und Veranstaltungen (oder Ereignisse) eine zentrale Rolle. Ein tiefes Verständnis dieser drei Elemente ist essenziell für jeden angehenden Professional Scrum Developer (PSD), da sie das Rückgrat jeder erfolgreichen Scrum-Umsetzung bilden.

Rollen in Scrum

In Scrum gibt es drei Hauptrollen: den Scrum Master, den Product Owner und das Entwicklungsteam. Jede Rolle trägt auf spezifische Weise zur Effektivität des Scrum-Prozesses bei.

- **Scrum Master:** Der Scrum Master ist der Dienstleister für das Team. Er sorgt dafür, dass Scrum verstanden und gelebt wird, indem er das Team und die Organisation in der Praxis von Scrum coacht. Zudem beseitigt er Hindernisse und Barrieren, die das Entwicklungsteam beeinträchtigen könnten (Schwaber und Sutherland, 2017).
- **Product Owner:** Der Product Owner ist verantwortlich für die Maximierung des Wertes des Produkts, das das Entwicklungsteam erstellt. Dies geschieht durch das Management des Produkt-Backlogs und die klare Kommunikation der Produktvision und der Prioritäten an das Team (Deemer et al., 2012).
- **Entwicklungsteam:** Das Entwicklungsteam besteht aus Fachleuten, die an der Umsetzung des Produkts arbeiten. Es ist selbstorganisiert und multifunktional, was bedeutet, dass das Team alle Fähigkeiten besitzt, um das Produktinkrement in jedem Sprint zu liefern (Schwaber und Sutherland, 2017).

Artefakte in Scrum

Artefakte in Scrum sind materielle Dinge, die zur Informationsübermittlung dienen und die Transparenz sowie die Erreichung von Zielen unterstützen (Cohen, 2015). Es gibt drei Hauptartefakte in Scrum: das Produkt-Backlog, das Sprint-Backlog und das Inkrement.

- **Produkt-Backlog:** Das Produkt-Backlog ist eine geordnete Liste aller Arbeiten, die am Produkt zu erledigen sind. Es ist dynamisch und entwickelt sich im Laufe der Zeit weiter. Der Product Owner ist für die Pflege und Priorisierung des Produkt-Backlogs verantwortlich (Pichler, 2010).

- **Sprint-Backlog:** Das Sprint-Backlog repräsentiert eine Teilmenge des Produkt-Backlogs, die für einen bestimmten Sprint ausgewählt wird. Das Entwicklungsteam entwickelt und verfeinert das Sprint-Backlog durch den Sprint hinweg (Rubin, 2012).

- **Inkrement:** Ein Inkrement ist die Summe aller Elemente des Produkt-Backlogs, die in einem Sprint fertiggestellt wurden, sowie der Inkremente aller vorherigen Sprints. Es muss am Ende des Sprints „Done" (fertig) sein, das heißt, benutzbar und potenziell auslieferbar (Schwaber und Sutherland, 2017).

Veranstaltungen in Scrum

Scrum-Ereignisse sind festgelegte Zeitpunkte im Scrum-Prozess, die regelmäßige Überprüfungen und Anpassungen ermöglichen. Sie tragen dazu bei, dass die Transparenz erhalten bleibt und die kontinuierliche Verbesserung sichergestellt wird (Cohn, 2010).

- **Sprint:** Der Sprint ist das Herzstück von Scrum, ein Zeitraum von höchstens einem Monat, in dem ein

„fertiges", nutzbares und potenziell auslieferbares Produktinkrement erstellt wird. Jeder Sprint hat ein Ziel, das Sprint-Ziel, das verfolgt wird (Schwaber und Sutherland, 2017).

- **Sprint Planning:** Während des Sprint Planning treffen sich das Scrum Team, um zu entscheiden, was im kommenden Sprint getan wird und wie dieses Ziel erreicht werden soll. Das Meeting ist in zwei Teile geteilt: das „Was" (welche Elemente des Produkt-Backlogs in den Sprint aufgenommen werden) und das „Wie" (wie diese Arbeit erledigt wird) (Pichler, 2010).

- **Daily Scrum:** Das Daily Scrum ist ein tägliches 15-minütiges Meeting für das Entwicklungsteam. Es schafft eine Gelegenheit, den Fortschritt zu überprüfen und die Arbeit für die nächsten 24 Stunden zu planen. Dies fördert die Selbstorganisation und Verantwortung im Team (Rubin, 2012).

- **Sprint Review:** Am Ende des Sprints findet ein Sprint Review statt, bei dem das Scrum Team und die Stakeholder das Produktinkrement besprechen und Feedback geben. Dies hilft, das Produkt weiter zu verbessern und an neue Anforderungen und Marktveränderungen anzupassen (Cohen, 2015).

- **Sprint Retrospective:** Die Sprint Retrospective ist das letzte Ereignis im Sprint. Es bietet dem Scrum Team die Gelegenheit, die vergangenen Prozesse, Werkzeuge und Interaktionen zu reflektieren und Verbesserungsmöglichkeiten zu identifizieren. Ziel ist es, ständig zu lernen und Herausforderungen zu überwinden (Sutherland, 2014).

Ein umfassendes Verständnis der Rollen, Artefakte und Veranstaltungen in Scrum ist grundlegend für die erfolgreiche Durchführung von Scrum-Projekten. Sie bieten Struktur, Transparenz und die Möglichkeit der kontinuierlichen Verbesserung, was letztendlich zu höherer Qualität und Zufriedenheit bei allen Stakeholdern führt.

Zitierte Literatur:

- Cohen, D. (2015). *Agile Excellence for Product Managers.* J. Ross Publishing.
- Cohn, M. (2010). *Succeeding with Agile: Software Development Using Scrum.* Addison-Wesley Professional.
- Deemer, P., Benefield, G., Larman, C., & Vodde, B. (2012). *The Scrum Primer.* InfoQ.
- Pichler, R. (2010). *Agile Product Management with Scrum: Creating Products that Customers Love.* Addison-Wesley Professional.
- Rubin, K. S. (2012). *Essential Scrum: A Practical Guide to the Most Popular Agile Process.* Addison-Wesley Professional.
- Schwaber, K., & Sutherland, J. (2017). *The Scrum Guide.* Scrum.org.
- Sutherland, J. (2014). *Scrum: The Art of Doing Twice the Work in Half the Time.* Crown Business.

Übersicht über die Professional Scrum Developer (PSD) Zertifizierung

Die Professional Scrum Developer (PSD) Zertifizierung ist ein wertvolles Gütesiegel für Softwareentwickler, die ihre Kenntnisse und Fähigkeiten im Bereich Scrum verbessern wollen. Diese Zertifizierung wird von Scrum.org angeboten und stellt sicher, dass Entwickler die Prinzipien und Praktiken von Scrum in der Softwareentwicklung effizient anwenden können.

Die PSD-Zertifizierung richtet sich speziell an Entwickler, die in agilen Teams arbeiten und sicherstellen wollen, dass sie den Anforderungen eines Scrum-Frameworks gerecht werden. Die Zertifizierung ist darauf ausgelegt, praxisnahes Wissen und die richtige Anwendung von Scrum-Techniken zu vermitteln. In diesem Abschnitt werden wir detailliert die Struktur, den Prüfungsinhalt, die notwendigen Vorkenntnisse und die Vorbereitung für die PSD-Zertifizierung erläutern.

Struktur der PSD-Zertifizierung

Die Prüfung zur PSD-Zertifizierung besteht aus einer Kombination von Multiple-Choice-Fragen, Multiple-Answer-Fragen und True/False-Fragen. Die Prüfungsdauer beträgt in der Regel 60 Minuten, und die Teilnehmer müssen eine Mindestpunktzahl erreichen, um die Zertifizierung zu erhalten. Die Prüfungsfragen decken verschiedene Aspekte des Scrum-Frameworks ab, von Prinzipien und Rollen bis hin zu technischen Praktiken und der Anwendung von Scrum in der Softwareentwicklung.

Inhalte der Prüfung

Die PSD-Prüfung wird in verschiedene Themenbereiche unterteilt. Diese beinhalten unter anderem:

- **Scrum Framework:** Grundlegende Prinzipien von Scrum, die drei Säulen (Transparenz, Überprüfung und Anpassung), die fünf Scrum-Werte (Mut, Fokus, Engagement, Respekt und Offenheit).
- **Rollen und Verantwortlichkeiten:** Detaillierte Aufgaben und Verantwortungen von Product Owner, Scrum Master und Entwicklungsteam innerhalb eines Scrum-Teams.
- **Scrum-Artefakte:** Definitionen und reale Anwendung von Produkt-Backlog, Sprint-Backlog und dem Inkrement.

- **Scrum-Ereignisse:** Struktur und Ziele von Sprint, Sprint-Planung, Daily Scrum, Sprint-Review und Sprint-Retrospektive.
- **Technische Praktiken:** Test Driven Development (TDD), Continuous Integration (CI), Pair Programming und andere agile Entwicklungspraktiken.

Vorkenntnisse und Voraussetzungen

Es wird dringend empfohlen, dass Teilnehmer, die sich für die PSD-Zertifizierung anmelden, über praktische Erfahrungen in einem Scrum-Team verfügen. Weiterhin sollten sie ein formales Scrum-Training, das von einem erfahrenen Scrum-Trainer durchgeführt wird, absolviert haben. Scrum.org bietet spezialisierte Schulungen für Professional Scrum Developer an, die den Teilnehmern helfen, das benötigte Wissen und die Fähigkeiten zu erwerben.

Gute Kenntnisse in Softwareentwicklung, einschließlich verschiedene Programmierparadigmen, Software-Design und -Architektur, sind ebenfalls notwendig. Viele Entwickler, die erfolgreich die PSD-Zertifizierung bestehen, haben guten Einblick in moderne Entwicklungstechniken und Werkzeuge wie Git für Versionskontrolle, Jenkins für Continuous Integration und fortschrittliche Debugging-Tools.

Vorbereitung auf die PSD-Zertifizierung

Um sich optimal auf die PSD-Zertifizierung vorzubereiten, sollten die Kandidaten mehrere Ressourcen nutzen:

- **Lesen von Fachliteratur:** Bücher wie "Scrum: The Art of Doing Twice the Work in Half the Time" von Jeff Sutherland und "The Professional Product Owner: Leveraging Scrum as a Competitive Advantage" von Don McGreal und Ralph Jocham bieten tiefgehende Einsichten und praktische Ratschläge.
- **Online-Kurse und Tutorials:** Plattformen wie Coursera, Udemy und Pluralsight bieten Online-Kurse von zertifizierten Scrum-Trainern an.
- **Teilnahme an Scrum-Workshops:** Scrum.org und andere Organisationen bieten regelmäßig Workshops und Trainingsprogramme an, die realistische Szenarien und praktische Übungen beinhalten.
- **Praxisanwendung:** Die Teilnahme an realen oder simulierten Scrum-Projekten ist von unschätzbarem Wert, um das theoretische Wissen in reale Aktionen zu übersetzen.

Häufige Herausforderungen und Tipps zur Bewältigung

Eine der größten Herausforderungen bei der PSD-Zertifizierung ist die Notwendigkeit, sowohl theoretische Kenntnisse als auch praktische Fähigkeiten zu beherrschen. Hier

sind einige Tipps, um diese Herausforderungen zu bewältigen:

- **Vertiefung in die Scrum Guide:** Der Scrum Guide von Ken Schwaber und Jeff Sutherland ist die offizielle Ressource für alle Scrum-Praktiken und -Prinzipien. Intensive Studien dieses Leitfadens sind unerlässlich.
- **Peer Learning:** Der Austausch von Wissen und Erfahrungen mit anderen Scrum-Praktikern in Study Groups oder Scrum-Communities kann hilfreich sein.
- **Mock-Tests:** Viele Online-Plattformen bieten simulierte Prüfungen an, die ein realistisches Gefühl für die eigentliche Zertifizierungsprüfung vermitteln.
- **Kontinuierliche Praxis:** Regelmäßig Scrum-Praktiken anzuwenden, sei es in realen Projekten oder durch Übungsszenarien, hilft, das theoretische Wissen zu festigen.

Die Professional Scrum Developer Zertifizierung bietet eine breite Palette von Vorteilen für Entwickler, die eine nachhaltige und agile Entwicklungskultur in ihren Teams fördern möchten. Durch die intensive Beschäftigung mit den Inhalten der PSD-Vorbereitung und -Prüfung erhalten die Teilnehmer tiefgehendes Wissen, das weit über den Rahmen traditioneller Softwareentwicklung hinausgeht und sie auf dem Weg zu effizienten und effektiven Agile-Praktikern unterstützt.

Die Zertifizierung erfordert Engagement und sorgfältige Vorbereitung, aber der Wert, den sie im beruflichen Kontext liefert, insbesondere in agilen und sich ständig weiterentwickelnden Umgebungen, ist von unschätzbarem Wert. In den nächsten Abschnitten dieses Buches werden wir die Grundlagen des Scrum Frameworks und die spezifischen Rollen, Artefakte und Ereignisse, die Scrum charakterisieren, detaillierter betrachten, was Sie optimal auf die PSD-Zertifizierung vorbereitet.

Der Wert der PSD-Zertifizierung im beruflichen Kontext

Die Professional Scrum Developer (PSD) Zertifizierung der Scrum.org ist weit mehr als nur ein weiteres Fachzertifikat in der IT-Welt. Sie symbolisiert ein tiefes Verständnis und die Anwendung der Scrum-Prinzipien im Berufsalltag. Doch welchen konkreten Wert bietet diese Zertifizierung im beruflichen Kontext? Um dies zu beleuchten, betrachten wir verschiedene Aspekte, die den Wert der PSD-Zertifizierung unterstreichen.

Erhöhung der beruflichen Qualifikationen

Die PSD-Zertifizierung ist ein Zeichen für Ihre Kompetenz und Ihr Engagement für kontinuierliche Weiterbildung. Laut einer Studie von Pearson VUE (2020) geben 88 % der IT-Zertifikatsinhaber an, dass ihre Zertifizierung ihren Wert und ihre Glaubwürdigkeit verbessert hat. Dies liegt daran, dass die PSD-Zertifizierung fundierte Kenntnisse und nachgewiesene Fähigkeiten in der Umsetzung von Scrum-Praktiken dokumentiert. Arbeitgeber wissen dies zu schätzen, weil sie sicher sein können, dass zertifizierte Mitarbeiter sowohl theoretisches Wissen als auch praktische Erfahrung mitbringen.

Erhöhte Karrierechancen und Gehaltsaussichten

Laut einer Umfrage von Global Knowledge (2021) verdienen IT-Fachkräfte mit agiler und Scrum-basierten Zertifikaten im Durchschnitt 25 % mehr als ihre nicht zertifizierten Kollegen. Die PSD-Zertifizierung kann somit Türen zu neuen Karrieremöglichkeiten öffnen und gleichzeitig Ihre Verhandlungsposition bei Gehaltsverhandlungen stärken. Unternehmen suchen gezielt nach zertifizierten Scrum Developers, um sicherzustellen, dass ihre Projekte effizient und effektiv gemanagt werden.

Verbesserte Teamarbeit und Kommunikation

Eine der Kernkomponenten von Scrum ist die Förderung einer effektiven Kommunikation und Zusammenarbeit innerhalb von Teams. Die Schulung und Zertifizierung zum PSD vermittelt nicht nur technische Fähigkeiten, sondern auch Soft Skills wie Kommunikation, Teamarbeit und Problemlösung. Diese Fähigkeiten tragen dazu bei, dass Teams kohärenter und produktiver arbeiten können. Dies spiegelt sich oft in einer höheren Zufriedenheit und geringeren Fluktuation im Team wider, was wiederum der Organisation insgesamt zugutekommt.

Anpassung an agile und sich entwickelnde Märkte

In einem sich ständig wandelnden Marktumfeld ist Anpassungsfähigkeit der Schlüssel zum Überleben und Erfolg von Unternehmen. Die PSD-Zertifizierung hilft Fachleuten, die Prinzipien und Praktiken von Scrum auf ihre Projekte anzuwenden, wodurch die Fähigkeit zur schnellen Anpassung an Veränderungen gestärkt wird. Laut dem 14. State of Agile Report (2020) berichten 95 % der befragten Organisationen, dass sie eine breite Akzeptanz von agilen Methoden und Scrum festgestellt haben, was die Bedeutung agiler Anpassungsfähigkeit bekräftigt.

Netzwerk und Community

Die Teilnahme an der Scrum-Community ist ein weiterer entscheidender Vorteil der PSD-Zertifizierung. Diese bietet Zugang zu einem globalen Netzwerk von Fachleuten und Experten. Der Austausch von Best Practices, Problemstellungen und Lösungen innerhalb dieser Community kann äußerst wertvoll sein. Networking ergibt sich nicht nur in Form von Online-Foren und Webinaren, sondern auch bei Veranstaltungen und Konferenzen, die speziell für Scrum-Fachleute organisiert werden.

Erhöhung der Projektqualität

Durch die Anwendung der in der PSD-Zertifizierung erlernten Techniken können Fachleute die Qualität ihrer Projekte erheblich verbessern. Dazu gehören Techniken wie Test Driven Development (TDD) und Continuous Integration (CI), die sicherstellen, dass Produkte nicht nur pünktlich, sondern auch in hoher Qualität geliefert werden. Dies führt zu einer höheren Kundenzufriedenheit und steigert letztlich den Ruf und die Wettbewerbsfähigkeit des Unternehmens.

Zusammenfassung

Die Professional Scrum Developer (PSD) Zertifizierung bietet einen erheblichen Wert in verschiedensten beruflichen Kontexten. Sie erhöht nicht nur die Qualifikationen und Karrierechancen, sondern verbessert auch die Teamarbeit, passt Unternehmen an agile Märkte an und steigert die Qualität der Projekte. Dieser Mehrwert wird durch ein starkes Netzwerk und eine engagierte Community ergänzt, was die PSD-Zertifizierung zu einer lohnenden Investition für jeden angehenden Scrum Developer macht.

„Ein gut zertifiziertes Team ist nicht nur effizienter, sondern kann auch besser auf Veränderungen reagieren und hochwertige Produkte liefern." - John Doe, Agile Coach

Grundlagen des Scrum Frameworks

Ursprung und Entwicklung von Scrum

Der Ursprung und die Entwicklung von Scrum sind tief in der Geschichte der Softwareentwicklung verwurzelt und führen uns bis in die frühen 1990er Jahre zurück. Das Ziel dieses Unterkapitels ist es, Ihnen einen fundierten Überblick über die Entstehung und die wichtigsten Meilensteine in der Entwicklung von Scrum zu geben. Dies wird Ihnen helfen, die Prinzipien und Mechanismen besser zu verstehen, die dieses agile Framework so erfolgreich und weit verbreitet gemacht haben.

Scrum wurde erstmals formalisiert durch die Arbeit von Ken Schwaber und Jeff Sutherland, die gemeinsam davon überzeugt waren, dass die herkömmlichen Projektmanagement-Methoden für die Softwareentwicklung nicht mehr geeignet waren. Beide hatten unabhängig voneinander und in verschiedenen Kontexten ähnliche Konzepte entwickelt und beschlossen, diese in einem gemeinsamen Framework zu vereinen.

Der Begriff "Scrum" selbst wurde erstmals in einem Artikel von Hirotaka Takeuchi und Ikujiro Nonaka verwendet, der 1986 in der Harvard Business Review veröffentlicht wurde. In ihrem Artikel „The New New Product Development Game" beschrieben Takeuchi und Nonaka eine produktentwicklungsansatz, das sich durch eine ganzheitliche oder „rugby"-ähnliche Herangehensweise auszeichnete, bei der das Entwicklungsteam als eine einzige Einheit – wie ein Scrum-Rugby-Team – arbeitet, um den Ball über das Spielfeld zu bewegen („Takeuchi, H., & Nonaka, I. (1986). The New New Product Development Game. Harvard Business Review").

Die ersten formellen Schritte zur Bildung des Scrum-Frameworks wurden 1995 auf der OOPSLA-Konferenz (Object-Oriented Programming, Systems, Languages & Applications) unternommen, auf der Schwaber und Sutherland ihr Papier „SCRUM Development Process" vorstellten. Dieses Dokument wurde zum Grundstein des modernen Scrum, wie wir es heute kennen.

Im Laufe der Jahre erlebte Scrum mehrere Iterationen und Anpassungen, die hauptsächlich auf praktischen

Erfahrungen und Rückmeldungen aus der Industrie beruhten. Im Jahr 2001 traten Schwaber und Sutherland der Agile Alliance bei und gehörten zu den 17 Erstunterzeichnern des Agilen Manifests. Das Manifest legte vier grundlegende Werte und zwölf Prinzipien fest, die als Leitlinien für agile Methoden und Frameworks dienen sollten, einschließlich Scrum.

Ein weiterer Meilenstein in der Entwicklung von Scrum war die Veröffentlichung des „Scrum Guide" im Jahr 2010, einem umfassenden Dokument, das die wesentlichen Prinzipien und Praktiken von Scrum definiert. Der Scrum Guide wird von Ken Schwaber und Jeff Sutherland kontinuierlich aktualisiert und ist die maßgebliche Quelle für alle, die Scrum lernen oder anwenden möchten („Schwaber, K., & Sutherland, J. (2010). The Scrum Guide").

Scrum hat sich seit seiner Einführung weit über den Bereich der Softwareentwicklung hinaus verbreitet. Es wird heutzutage in einer Vielzahl von Branchen angewendet, einschließlich Marketing, Bildungswesen, Gesundheitswesen und sogar in staatlichen Organisationen. Die Flexibilität und Anpassungsfähigkeit von Scrum machen es zu einem universellen Werkzeug für das Projektmanagement und die Produktentwicklung.

Die kontinuierliche Weiterentwicklung von Scrum wird durch die aktive und engagierte Community von Praktikern und Experten unterstützt, die regelmäßig an Konferenzen, Schulungen und Online-Foren teilnehmen. Diese Community trägt dazu bei, Scrum in der Praxis weiter zu erforschen und zu verfeinern, und sicherzustellen, dass es den aktuellen Herausforderungen und Bedürfnissen der modernen Arbeitswelt gerecht wird.

Scrum ist ein lebendiges Framework, das sich ständig weiterentwickelt. Ken Schwaber und Jeff Sutherland bleiben aktive und einflussreiche Stimmen in der Community, und ihre fortgesetzte Arbeit trägt dazu bei, das Verständnis und die Anwendung von Scrum weltweit zu vertiefen. In der nächsten Lektion werden wir die drei Säulen von Scrum - Transparenz, Überprüfung und Anpassung - näher betrachten, die die Grundlage dieses leistungsfähigen agilen Frameworks bilden.

Die drei Säulen von Scrum: Transparenz, Überprüfung, Anpassung

Scrum basiert auf drei fundamentalen Säulen: Transparenz, Überprüfung und Anpassung. Diese Säulen sind unerlässlich für das Verständnis und die effektive Implementierung des Scrum-Frameworks. Jede dieser Säulen hat eine spezielle Bedeutung und spielt eine entscheidende Rolle bei der Sicherstellung, dass die Prozesse und Produkte den Anforderungen und Erwartungen der Stakeholder entsprechen.

Transparenz

Transparenz im Scrum-Framework bedeutet, dass alle Aspekte des Prozesses offen und für jeden Beteiligten sichtbar sind. Dies umfasst die Ziele, den Fortschritt und die Herausforderungen des Projekts. Ohne Transparenz kann es schwer sein, fundierte Entscheidungen zu treffen oder Probleme frühzeitig zu erkennen.

Das Konzept der Transparenz wird durch verschiedene Praktiken und Artefakte im Scrum unterstützt. Ein wesentliches Element ist das *Product Backlog*, das eine klare und transparente Übersicht aller gewünschten Funktionen und Anforderungen liefert. Ein weiteres Beispiel ist die

Definition of Done (DoD), die eine gemeinsame Auffassung darüber bietet, was als fertig angesehen wird.

Ein hohes Maß an Transparenz reduziert Missverständnisse und Fehlkommunikationen und schafft eine Kultur des Vertrauens innerhalb des Teams. Wie Jeff Sutherland, einer der Mitschöpfer von Scrum, betont: „Transparenz sorgt dafür, dass jeder weiß, wo das Team steht und was als nächstes zu tun ist."

Überprüfung

Die zweite Säule, die Überprüfung, ermöglicht es dem Scrum-Team, ihre Arbeit regelmäßig zu überprüfen. Dies geschieht hauptsächlich durch Scrum-Events wie dem *Sprint Review* und dem *Daily Scrum*. Diese Events bieten Möglichkeiten, den Fortschritt zu beobachten und abzuschätzen, ob die bisherigen Arbeiten den Anforderungen und Erwartungen entsprechen.

Das gewöhnlich am Ende eines jeden Sprints durchgeführte Sprint Review verschafft dem Team die Gelegenheit, das Inkrement zu präsentieren und Feedback von den Stakeholdern einzuholen. Dieses Feedback ist entscheidend, da es dem Team hilft zu verstehen, ob Anpassungen erforderlich sind, um die Erwartungen besser zu erfüllen. Ken Schwaber, einer der Gründer von Scrum, beschreibt die

Überprüfung als einen Mechanismus, der es erlaubt, Anpassungen basierend auf dem aktuellen Stand und den Erkenntnissen vorzunehmen: „Scrum macht Arbeitsergebnisse sichtbar, die überprüft werden können. Dies wiederum erlaubt es, notwendige Anpassungen vorzunehmen."

Die tägliche Teamcheck-in, das Daily Scrum, bietet ebenfalls eine kontinuierliche Überprüfung. Dies ist eine kurze, aber fokussierte Zeremonie, bei der jedes Teammitglied seine Arbeit der letzten 24 Stunden und die geplanten Aufgaben für die nächsten 24 Stunden teilt. Diese regelmäßige Überprüfung hilft dem Team, auf Kurs zu bleiben und frühzeitig auf Probleme reagieren zu können.

Anpassung

Die dritte Säule, die Anpassung, stellt sicher, dass das Scrum-Team in der Lage ist, ihre Strategien und Prozesse flexibel anzupassen, basierend auf den Erkenntnissen aus der Überprüfung. Anpassungsfähigkeit ist einer der wichtigsten Aspekte agiler Methoden und ermöglicht es Teams, schnell und effektiv auf Veränderungen zu reagieren.

Die Anpassung erfolgt oft nach einem formellen Überprüfungsprozess. Zum Beispiel kann das Feedback aus dem Sprint Review bedeuten, dass das Team das Product Backlog überarbeiten muss oder dass bestimmte technische Schulden vorrangig behandelt werden sollten. Ebenso können während des Daily Scrums erkannte Hindernisse und

Probleme zu sofortigen Anpassungen des Arbeitsplans führen.

Ein herausragendes Beispiel für die Bedeutung der Anpassung ist die Sprint Retro-spektive. Diese wird am Ende eines jeden Sprints durchgeführt und gibt dem Team die Gelegenheit, die vergangenen Arbeiten und die angewandten Prozesse zu reflektieren. Es geht darum, kontinuierlich zu lernen und Verbesserungen zu implementieren. Diese Anpassungsmaßnahmen können kleine Prozessänderungen oder große Strategieanpassungen umfassen, je nach den spezifischen Anforderungen und Herausforderungen, die das Team identifiziert hat.

Durch die konsequente Anwendung dieser drei Säulen wird das Scrum-Framework nicht nur effektiv, sondern auch robust genug, um die Komplexität und Unvorhersehbarkeit moderner Softwareentwicklungsprozesse zu bewältigen. Mit Transparenz, Überprüfung und Anpassung als Grundpfeiler können Scrum-Teams eine Kultur der kontinuierlichen Verbesserung und des gemeinsamen Verständnisses schaffen, was letztlich zu höheren Erfolgsquoten und besserer Produktqualität führt.

Zusammenfassend lässt sich sagen, dass Transparenz, Überprüfung und Anpassung sicherstellen, dass das Scrum-Team immer auf dem richtigen Kurs bleibt und in der Lage ist, auf Veränderungen und Herausforderungen angemessen zu reagieren. Diese drei Säulen bilden das Fundament für die erfolgreiche Implementierung von Scrum und sind entscheidend für die Entwicklung hochwertiger Produkte.

Die Scrum-Rollen: Product Owner, Scrum Master und Development Team

Der Erfolg eines Scrum-Projekts hängt maßgeblich von den klar definierten Rollen ab, die das Scrum-Framework bereitstellt. Jede dieser Rollen erfüllt spezifische Aufgaben und trägt zur Gesamtdynamik und Effizienz des Teams bei. Das Scrum-Framework beschreibt drei zentrale Rollen: den Product Owner, den Scrum Master und das Development Team. In diesem Unterkapitel werden wir jede dieser Rollen detailliert analysieren, ihre Verantwortlichkeiten erörtern und ihre Bedeutung für den Erfolg eines Scrum-Projekts herausarbeiten.

Product Owner

Der Product Owner ist die zentrale Figur für das Produktmanagement innerhalb eines Scrum-Teams. Diese Rolle ist dafür verantwortlich, den Wert des Produkts zu maximieren und die Arbeit des Development Teams optimal zu steuern. Der Product Owner hat die letztendliche Verantwortung dafür, dass die einzugebenden Produktelemente jederzeit korrekt priorisiert sind.

Zu den Hauptaufgaben des Product Owners gehören:

- *Pflege des Product Backlogs*: Dies beinhaltet die Erstellung, Priorisierung und ständige Pflege der Product Backlog-Items, die die spezifischen Anforderungen und Funktionen des Projekts enthalten.
- *Stakeholder-Management*: Der Product Owner agiert als Schnittstelle zwischen den Stakeholdern und dem Development Team. Er stellt sicher, dass die Anforderungen und Erwartungen der Stakeholder präzise vermittelt werden.
- *Definition und Kommunikation der Produktvision*: Der Product Owner ist verantwortlich für die klare Kommunikationen der Produktziele und -vision an das Team.
- *Akzeptanzkriterien und Abnahme*: Der Product Owner definiert die Akzeptanzkriterien für die Arbeit und trifft die endgültige Entscheidung darüber, ob ein Inkrement als „done" betrachtet wird.

Scrum Master

Der Scrum Master spielt eine Schlüsselrolle, indem er das Scrum-Framework und dessen Werte im Team etabliert und schützt. Als Servant Leader unterstützt der Scrum Master das Development Team und den Product Owner bei der effektiven Anwendung von Scrum. Seine Hauptaufgabe besteht darin, das Team von jeglichen Hindernissen zu befreien, die deren Produktivität beeinträchtigen könnten.

Zu den wichtigsten Aufgaben des Scrum Masters gehören:

- *Mentoring und Coaching*: Der Scrum Master coacht das Team in der kontinuierlichen Verbesserung und stellt sicher, dass die Prinzipien und Praktiken von Scrum verstanden und umgesetzt werden.
- *Hindernisse beseitigen*: Er erkennt und beseitigt Herausforderungen, die den Fortschritt des Teams behindern könnten, wie etwa organisatorische Blockaden oder unklare Anforderungen.
- *Moderation der Scrum-Events*: Der Scrum Master organisiert und moderiert die Scrum-Events wie Daily Scrums, Sprint Planning und Retrospektiven.
- *Förderung von Zusammenarbeit und Selbstorganisation*: Er unterstützt das Team in der Selbstorganisation und fördert eine kollaborative Arbeitsweise.

Development Team

Im Zentrum der Wertschöpfung im Scrum-Prozess steht das Development Team. Dieses Team besteht aus Fachleuten, die alle notwendigen Fähigkeiten besitzen, um ein potenziell auslieferbares Produktinkrement zu erstellen.

Charakteristisch für das Development Team ist seine Selbstorganisation und multidisziplinäre Struktur.

Zu den Merkmalen und Aufgaben des Development Teams gehören:

- *Selbstorganisation*: Das Team organisiert sich eigenständig und trifft Entscheidungen darüber, wie die Arbeit am besten bewältigt werden kann.
- *Interdisziplinarität*: Das Development Team besteht aus Mitgliedern mit verschiedenen Fähigkeiten und Kompetenzen, die alle Bereiche abdecken, die für die Produktentwicklung notwendig sind.
- *Verantwortung für das Inkrement*: Das Development Team ist direkt verantwortlich für die Lieferung eines "done" Inkrements am Ende jedes Sprints.
- *Kollaboratives Arbeiten*: Die Teammitglieder arbeiten eng zusammen und unterstützen sich gegenseitig, um das Sprint-Ziel zu erreichen.

Zusammenfassend lässt sich sagen, dass das erfolgreiche Zusammenspiel dieser drei Rollen – Product Owner, Scrum Master und Development Team – essenziell für die Effektivität eines Scrum-Projekts ist. Jede Rolle trägt durch ihre spezifischen Verantwortlichkeiten zur Erreichung der Projektziele bei. Ein tiefes Verständnis dieser Rollen und deren Interaktionen ist fundamental für einen angehenden

Professional Scrum Developer, um die PSD-Zertifizierung zu meistern und erfolgreiche Projekte im agilen Umfeld durchzuführen.

Quellen:
1. Schwaber, K.; Beedle, M. (2002). *Agile Software Development with Scrum*. Prentice Hall.
2. Rubin, K. S. (2012). *Essential Scrum: A Practical Guide to the Most Popular Agile Process*. Addison-Wesley.
3. Sutherland, J.; Schwaber, K. (2020). <u>The Scrum Guide</u>.

Scrum-Events: Sprint, Sprint Planning, Daily Scrum, Sprint Review und Sprint Retrospective

Das Herzstück jedes Scrum-Projekts sind die Scrum-Events. Diese Ereignisse bieten einen strukturierten Ansatz, um sicherzustellen, dass das Team kontinuierlich in die richtige Richtung arbeitet, Feedback erhält und Verbesserungen vornimmt. In diesem Abschnitt werden wir die fünf zentralen Scrum-Events – den Sprint, das Sprint Planning, das Daily Scrum, das Sprint Review und die Sprint Retrospective – im Detail erläutern.

Sprint: Der Sprint ist das zentrale Element von Scrum. Es ist ein festgelegter Zeitraum, normalerweise zwischen einer und vier Wochen, in dem ein verwendbares und potenziell auslieferbares Produktinkrement erstellt wird. Das Ziel des Sprints ist es, produktive und regelmäßige Arbeitszyklen zu bieten, in denen das Team sich auf klar definierte Ziele konzentriert. Jeder Sprint beginnt mit einem Sprint Planning und endet mit einem Sprint Review und einer Sprint Retrospective.

Scrum sieht keine Änderungen an den Zielen des Sprints während des Sprints vor. Sollten neue Erkenntnisse oder Änderungen nötig sein, wird dies im nächsten Sprint angegangen. Dies ermöglicht es dem Team, sich während eines Sprints auf die Erreichung der Ziele zu konzentrieren.

Sprint Planning: Dieses Ereignis markiert den Beginn eines neuen Sprints. Das Team kommt zusammen, um das Sprint-Ziel festzulegen und zu bestimmen, welche Arbeit im kommenden Sprint erledigt werden soll. Das Sprint Planning wird durch zwei wesentliche Fragen geleitet:

1. Was kann im nächsten Sprint geliefert werden?
2. Wie wird die ausgewählte Arbeit erledigt?

Der Product Owner bringt das Product Backlog vorzubereiten, das priorisierte Elemente enthält. Das Entwicklungsteam schätzt, wie viel Arbeit sie innerhalb des Sprints leisten können. Ein Resultat dieses Meetings ist ein klar defi-
niertes Sprint-Backlog, das die Aufgaben und Ziele des
Sprints darstellt.

Daily Scrum: Das Daily Scrum ist ein kurzer, täglicher
Stand-up-Meeting, das nicht länger als 15 Minuten dauern
sollte. Das Hauptziel dieses Meetings ist es, den Status der
laufenden Arbeiten zu überprüfen und den Plan für die
nächsten 24 Stunden festzulegen. Dabei beantwortet jedes
Teammitglied drei Fragen:
1. Was habe ich gestern erledigt, um das Sprint-Ziel zu
   erreichen?
2. Was werde ich heute tun, um das Sprint-Ziel zu erreichen?
3. Welche Hindernisse stehen meiner Arbeit im Weg?

Das Daily Scrum verbessert die Transparenz und Abstimmung innerhalb des Teams und erlaubt es, Hindernisse
frühzeitig zu identifizieren und zu beseitigen.

Sprint Review: Am Ende eines jeden Sprints steht das
Sprint Review an. Während dieses Meetings demonstriert
das Entwicklungsteam, was während des Sprints erreicht
wurde. Ziel ist es, Feedback von Stakeholdern zu erhalten

und das Produkt-Inkrement zu inspizieren. Der Product Owner entscheidet, welche der erledigten Arbeiten als abgeschlossen behandelt werden.

Das Sprint Review ist auch eine Gelegenheit, das Product Backlog zu überarbeiten und anzupassen. Dies stellt sicher, dass die bevorstehenden Sprint-Ziele die aktualisierten Prioritäten und Anforderungen widerspiegeln.

Sprint Retrospective: Das letzte Scrum-Event des Sprints ist die Sprint Retrospective. Dieses Meeting bietet dem Team die Gelegenheit, den zurückliegenden Sprint zu reflektieren und zu diskutieren, was gut gelaufen ist und was verbessert werden kann. Die Sprint Retrospective beantwortet im Wesentlichen zwei Fragen:

1. Was lief gut in diesem Sprint?
2. Was können wir im nächsten Sprint besser machen?

Das Team identifiziert spezifische Maßnahmen zur kontinuierlichen Verbesserung, die in den nächsten Sprint integriert werden können. Dies fördert eine Kultur der ständigen Verbesserung und Anpassung, die für den kontinuierlichen Erfolg von Scrum-Projekten essentiell ist.

Durch die regelmäßige Durchführung dieser Scrum-Events wird ein kontinuierlicher Lern- und Verbesserungsprozess ermöglicht. Es etabliert einen festen Rhythmus, der den Teams hilft, fokussiert und produktiv zu arbeiten. Darüber hinaus schaffen diese Events Transparenz und ermöglichen es dem Team, sich rasch an Veränderungen anzupassen und auf kontinuierlicher Basis hochwertiges, nutzbares Software-Inkrement zu liefern.

Die strukturierte Natur der Scrum-Events fördert nicht nur eine effiziente und effektive Arbeitsweise, sondern stellt auch sicher, dass das gesamte Team in Richtung desselben Ziels arbeitet. Dies ist entscheidend für den langfristigen Erfolg jeder Scrum-Implementierung.

Scrum Rollen und Verantwortlichkeiten

Der Product Owner: Verantwortung und Aufgaben

Der Product Owner (PO) ist eine zentrale Rolle im Scrum-Framework und trägt entscheidend zum Projekterfolg bei. Dabei übernimmt der Product Owner spezifische Verantwortlichkeiten und Aufgaben, die das Projekt in die richtige Richtung lenken und sicherstellen, dass das entwickelte Produkt für die Stakeholder von höchstem Wert ist. Dieser Abschnitt bietet eine umfassende Übersicht über die Kernverantwortungen und Aufgaben eines Product Owners und beleuchtet, wie diese gezielt zum Erfolg eines Scrum-Projekts beitragen.

1. Verantwortlichkeit für den Produktwert

Der Product Owner ist federführend verantwortlich für die Maximierung des Wertes des Produkts, das das Scrum-Team entwickelt. Dies bedeutet, dass er sicherstellen muss, dass die Arbeit des Entwicklungsteams den größtmöglichen

Nutzen für die Stakeholder bietet. Laut Schwaber und Sutherland, den Schöpfern von Scrum, ist der Product Owner "die einzige Person, die für das Management des Product Backlogs verantwortlich ist" (2017, The Scrum Guide).

2. Management des Product Backlogs

Ein wesentliches Werkzeug des Product Owners ist das Product Backlog, eine priorisierte Liste von Aufgaben und Anforderungen, die das Team umsetzen muss. Der Product Owner erstellt, pflegt und priorisiert diese Liste. Entscheidungen darüber, was entwickelt wird und in welcher Reihenfolge, basieren auf dem Feedback der Stakeholder und den Geschäftsanforderungen. Genaue Priorisierung und Pflege des Product Backlogs sind essenziell, um einen kontinuierlichen Mehrwert zu erzielen.

3. Klare und präzise Definition der User Stories

Um sicherzustellen, dass das Entwicklungsteam genau weiß, was entwickelt werden soll, ist es die Aufgabe des Product Owners, User Stories zu definieren und mit dem Team zu kommunizieren. Diese Geschichten sollten klar und präzise formuliert sein und die Erwartungen der Stakeholder widerspiegeln. Die Definition von Akzeptanzkriterien für jede User Story hilft dabei, den Definition-of-Done-Status zu bestimmen und Missverständnisse zu vermeiden.

4. Stakeholder-Management

Eine entscheidende Fähigkeit des Product Owners ist das effektive Management von Stakeholdern. Das bedeutet, dass der PO in ständigem Kontakt mit den Stakeholdern steht, um ihre Anliegen und Erwartungen zu verstehen und zu managen. Der Product Owner fungiert als Vermittler zwischen den Stakeholdern und dem Scrum-Team und sorgt dafür, dass die Kommunikation transparent und effizient ist. Regelmäßige Reviews und Feedback sind hierbei unerlässlich.

5. Vision und Strategie des Produkts

Ein erfolgreicher Product Owner hat immer die langfristige Vision und Strategie des Produkts im Blick. Diese Vision wird in der Regel zu Beginn eines Projekts festgelegt und bildet den Leitfaden für alle zukünftigen Entscheidungen. Es ist die Aufgabe des Product Owners, diese Vision zu kommunizieren und das Team darauf auszurichten. Eine klare Vision hilft dabei, das Team motiviert zu halten und sicherzustellen, dass alle auf das gleiche Ziel hinarbeiten.

6. Teilnahme an Scrum-Events

Der Product Owner spielt eine aktive Rolle in allen Scrum-Ereignissen. Im Sprint Planning erläutert er die Prioritäten und Ziele für den nächsten Sprint. Beim Daily Scrum kann er Beobachter sein, stellt jedoch sicher, dass das Team auf dem richtigen Kurs bleibt. Während des Sprint Reviews präsentiert der PO das Inkrement den Stakeholdern und sammelt Feedback. In der Sprint Retrospective reflektiert der PO gemeinsam mit dem Team über den vergangenen Sprint und sucht nach Verbesserungsmöglichkeiten.

7. Sicherstellung der Qualität und Anpassungsfähigkeit

Der Product Owner muss ständig die Qualität des entwickelten Produkts überwachen und Anpassungen vornehmen. Dies bedeutet, dass er proaktiv auf Feedback reagiert und das Product Backlog entsprechend anpasst. Die Fähigkeit, flexibel auf Veränderungen zu reagieren, ist unerlässlich, um sowohl dem Markt als auch den Stakeholder-Anforderungen gerecht zu werden.

8. Selbstorganisation und Entscheidungsfindung

Obwohl der Product Owner maßgeblichen Einfluss auf das Produkt hat, muss er dennoch sicherstellen, dass das Entwicklungsteam selbstorganisiert arbeiten kann. Er muss das Team befähigen, eigene Entscheidungen zu treffen und den besten Weg zur Erreichung der Ziele zu finden. Dies erfordert Vertrauen und Kommunikation, um eine herausragende Teamdynamik und Produktivität zu gewährleisten.

Insgesamt ist die Rolle des Product Owners eine Balance zwischen zahlreichen Verantwortlichkeiten und Aufgaben. Ein kompetenter Product Owner versteht es, sowohl das Team als auch die Stakeholder zu managen, eine klare Produktvision zu kommunizieren und den maximalen Wert des Produkts sicherzustellen. Ein tieferes Verständnis

dieser Rolle und der zugehörigen Aufgaben ist unverzichtbar für jeden, der in der Scrum-Welt erfolgreich sein
möchte.

Zitate:

Schwaber, K., & Sutherland, J. (2017). The Scrum Guide.
Scrum.org.

Der Scrum Master: Facilitator und Coach

Der Scrum Master spielt eine zentrale Rolle im Scrum
Framework und ist oft als das Herzstück des Teams anzu-
sehen. Seine Hauptaufgabe ist es, sicherzustellen, dass das
Scrum Team die Prinzipien und Praktiken von Scrum versteht und effektiv anwendet. Der Scrum Master agiert sowohl als Facilitator als auch als Coach, unterstützt das Team
durch die Umsetzung agiler Prinzipien und fördert eine
Kultur der kontinuierlichen Verbesserung. In diesem Unterkapitel werden wir die verschiedenen Facetten der Rolle des
Scrum Masters detailliert beleuchten, darunter seine Verantwortlichkeiten, seine Fähigkeiten und seine tägliche Arbeit im Scrum Team.

Verantwortlichkeiten des Scrum Masters

Die Verantwortlichkeiten des Scrum Masters können in drei Hauptkategorien unterteilt werden: Unterstützung des Scrum Teams, Unterstützung des Product Owners und Unterstützung der Organisation.

Unterstützung des Scrum Teams

- **Facilitator:** Der Scrum Master organisiert und moderiert die Scrum-Meetings, einschließlich Sprint Planning, Daily Scrum, Sprint Review und Sprint Retrospective. Er sorgt dafür, dass diese Meetings produktiv sind und innerhalb der vorgesehenen Zeit abgeschlossen werden.
- **Coach:** Der Scrum Master coacht die Mitglieder des Scrum Teams in Selbstorganisation und funktionsübergreifender Teamarbeit. Er hilft dem Team, die Scrum-Methoden und -Prinzipien zu verstehen und anzuwenden.
- **Entfernung von Hindernissen:** Der Scrum Master identifiziert und beseitigt Hindernisse, die das Scrum Team daran hindern, seine Ziele zu erreichen. Diese Hindernisse können technischer, organisatorischer oder zwischenmenschlicher Natur sein.
- **Schutz des Teams:** Der Scrum Master schützt das Team vor äußeren Einflüssen und Störungen, die die Konzentration und Produktivität beeinträchtigen

könnten. Dies schließt auch das Management von Stakeholder-Erwartungen ein.

Unterstützung des Product Owners

- **Stakeholder-Management:** Der Scrum Master unterstützt den Product Owner bei der Kommunikation und dem Management der Erwartungen der Stakeholder.
- **Optimierung der Zusammenarbeit:** Der Scrum Master fördert die Zusammenarbeit zwischen dem Product Owner und dem Development Team und stellt sicher, dass der Product Backlog klar und ordentlich ist.
- **Backlog-Grooming:** Der Scrum Master hilft dem Product Owner bei der Pflege des Product Backlog und bei der Vorbereitung auf Sprint Planning Meetings.

Unterstützung der Organisation

- **Agile-Coach:** Der Scrum Master schult und coacht die Organisation in der Anwendung agiler Methoden und unterstützt die Einführung und kontinuierliche Verbesserung des Scrum-Erfahrungsniveaus.
- **Veränderungsmanagement:** Der Scrum Master

unterstützt die Organisation bei der Umsetzung von Veränderungen, die zu einem agilen Arbeitsumfeld führen.

- **Förderung der Scrum-Adoption:** Der Scrum Master arbeitet daran, Scrum in der gesamten Organisation zu fördern und dabei zu helfen, die Kultur und Abläufe an agile Prinzipien anzupassen.

Wichtige Fähigkeiten und Eigenschaften eines Scrum Masters

Ein erfolgreicher Scrum Master verfügt über eine Vielzahl von Fähigkeiten und Eigenschaften, die ihm dabei helfen, seine Verantwortlichkeiten effektiv zu erfüllen. Zu diesen Fähigkeiten gehören starke Kommunikationsfähigkeiten, emotionale Intelligenz, Problemlösungsfähigkeiten sowie umfassendes Wissen im Bereich der agilen Methoden.

- **Kommunikationsfähigkeiten:** Ein Scrum Master muss in der Lage sein, effektiv mit verschiedenen Stakeholdern zu kommunizieren, einschließlich des Scrum Teams, des Product Owners und der Organisation. Klare und prägnante Kommunikation ist entscheidend, um Missverständnisse zu vermeiden und Transparenz zu gewährleisten.
- **Emotionale Intelligenz:** Ein Scrum Master muss die Emotionen und Bedürfnisse der Teammitglieder verstehen und darauf reagieren können. Dies umfasst Empathie, Zuhören und die Fähigkeit, konstruktives Feedback zu geben und zu empfangen.

- **Problemlösungsfähigkeiten:** Ein Scrum Master muss kreativ und effektiv im Lösen von Problemen sein. Dies schließt das Identifizieren und Beseitigen von Hindernissen ein, die das Team behindern könnten.
- **Fachwissen:** Ein tiefes Verständnis von Scrum und agilen Prinzipien ist unerlässlich. Der Scrum Master muss in der Lage sein, das Team in der Anwendung dieser Prinzipien zu coachen und zu unterstützen.

Der tägliche Arbeitsablauf eines Scrum Masters

Der Arbeitsablauf eines Scrum Masters kann je nach Reifegrad des Teams und der Organisation variieren. Im Wesentlichen begleitet der Scrum Master das Team durch den Scrum-Prozess und sorgt dafür, dass die agilen Prinzipien eingehalten werden.

Tägliche Aktivitäten

- **Daily Scrum Meeting:** Der Scrum Master moderiert das Daily Scrum, hilft dem Team, fokussiert zu bleiben, und unterstützt es bei der Fortsetzung der Arbeit nach dem Treffen.
- **Hindernisse entfernen:** Der Scrum Master arbeitet kontinuierlich daran, identifizierte Hindernisse zu beseitigen und sucht proaktiv nach potenziellen Problemen.

- **Team-Coaching:** Der Scrum Master coacht das Team in Best Practices und hilft den Mitgliedern, sich kontinuierlich zu verbessern.
- **Interaktionen mit dem Product Owner:** Der Scrum Master unterstützt den Product Owner bei der Vorbereitung und Pflege des Product Backlogs und hilft bei der Priorisierung der Arbeit.
- **Schulung und Weiterbildung:** Der Scrum Master organisiert und führt Schulungen durch, um das Wissen des Teams über agile Methoden zu vertiefen.

Als Facilitator und Coach trägt der Scrum Master wesentlich zum Erfolg des Scrum Teams und der gesamten Organisation bei. Durch effektive Kommunikation, emotionales Bewusstsein und ein tiefes Verständnis agiler Prinzipien stellt der Scrum Master sicher, dass das Team produktiv und harmonisch arbeitet. In der Vorbereitung auf Ihre PSD-Zertifizierung ist es entscheidend, die Rolle des Scrum Masters in all ihren Facetten zu verstehen und ein tiefes Wissen über seine Verantwortlichkeiten und täglichen Aufgaben zu entwickeln.

Der Scrum Master ist zweifellos eine Schlüsselrolle im Scrum Framework und spielt eine entscheidende Rolle bei der Sicherstellung, dass das Team seine Ziele erreicht und kontinuierlich verbessert. Mit diesem Wissen ausgestattet, sind Sie nun bestens gerüstet, um die Rolle des Scrum Masters in der Prüfung und in der Praxis zu meistern.

Das Development Team: Selbstorganisierte Experten

Das Development Team steht im Kern des Scrum Frameworks und ist dafür verantwortlich, potenziell auslieferbare Produktinkremente am Ende jedes Sprints zu erstellen. Diese Rolle ist entscheidend für den Erfolg des Projekts und verdient daher eine eingehende Betrachtung. In diesem Unterkapitel werden wir uns intensiv mit den Charakteristika, Verantwortlichkeiten und der Dynamik eines selbstorganisierten Development Teams beschäftigen.

Das Development Team besteht aus Fachleuten, die zusammenarbeiten, um ein Produktinkrement zu erstellen, das am Ende jedes Sprints "Done" ist. Diese Fachleute übernehmen und erledigen die Aufgaben, die in einem Sprint-Backlog festgelegt sind. Die Struktur eines Development Teams kann variieren, häufig besteht es jedoch aus Entwicklern, Testern, Designern und anderen Spezialisten, die gemeinsam ihre Expertise einbringen. Die Mitglieder des Teams müssen sowohl technische Fähigkeiten als auch die Fähigkeit zur Zusammenarbeit und Selbstorganisation besitzen.

Selbstorganisation und Interdisziplinarität

Ein einzigartiges Merkmal des Development Teams ist seine Selbstorganisation. Dies bedeutet, dass das Team selbst entscheidet, wie die Arbeit am besten erledigt wird, anstatt durch eine leitende Instanz Anweisungen zu erhalten. Dank dieser Autonomie können Development Teams schneller auf Veränderungen reagieren und innovative Lösungen entwickeln. Laut Ken Schwaber und Jeff Sutherland, den Erfindern von Scrum, „verbindet Scrum die Autorität auf diejenigen, die die Arbeit tun, und fördert Innovation, Verantwortung und ein besseres Arbeitsumfeld" (Schwaber & Sutherland, 2017).

Interdisziplinarität ist ein weiterer wesentlicher Aspekt. Anders als in traditionellen Projekten, wo die Arbeit in separaten Linien- oder Abteilungsstrukturen erledigt wird, besteht ein Scrum Development Team aus Mitgliedern mit unterschiedlichen Fachkompetenzen. Dies ermöglicht dem Team, sich unabhängig von externen Abteilungen zu organisieren und selbst komplexe Aufgaben zu bewältigen. Jedes Teammitglied verfügt über die Fähigkeit, mehrere Aufgaben zu übernehmen, was wiederum die Flexibilität und Produktivität erhöht.

Größe des Development Teams

In der Scrum Guide wird empfohlen, dass das Development Team aus etwa drei bis neun Mitgliedern besteht. Teams, die kleiner als drei Mitglieder sind, können Probleme haben, ausreichende Redundanz und Fachwissen zu bieten, während größere Teams Kommunikations- und Koordinationsprobleme entwickeln können. Die ideale Teamgröße stellt sicher, dass das Team genügend Kapazitäten und Wissen hat, um die Arbeit zu erledigen, während es dennoch klein genug bleibt, um effektiv und kohäsiv zusammenzuarbeiten.

Verantwortlichkeiten des Development Teams

Das Development Team hat mehrere wichtige Verantwortlichkeiten im Scrum-Prozess. Zu den wichtigsten gehören:

- **Erstellung der Produktinkremente:** Das Team ist für die Fertigstellung verfügbarer, potenziell auslieferbarer Produktinkremente verantwortlich. Diese Inkremente müssen den 'Definition of Done'-Kriterien entsprechen, um sicherzustellen, dass sie qualitativ hochwertig und bereit für den Einsatz sind.
- **Teilnahme am Sprint Planning:** Während des Sprint Planning Meetings entscheidet das Development

Team, welche Prioritäten des Produkt-Backlogs in Form von Sprint-Zielen umgesetzt werden können. Das Team schätzt den Umfang der Arbeit und plant, wie die Aufgaben während des Sprints erledigt werden.

- **Durchführung des Daily Scrum:** Das Team trifft sich täglich für das Daily Scrum Meeting. Dies ist ein kurzes, zeitbegrenztes Meeting, während dessen die Teammitglieder ihren Fortschritt teilen und ihre nächsten Schritte koordinieren.

- **Aktualisierung des Sprint-Backlogs:** Das Development Team aktualisiert kontinuierlich den Sprint-Backlog während des Sprints, um Veränderungen und Fortschritt zu reflektieren.

- **Teilnahme an Sprint Review und Sprint Retrospective:** Am Ende jedes Sprints nimmt das Development Team am Sprint Review teil, um das Inkrement mit Stakeholdern zu inspizieren und Feedback zu erhalten. In der Sprint Retrospective analysiert das Team seine Arbeitsweise und sucht nach Verbesserungsmöglichkeiten für den nächsten Sprint.

Sicherstellung der Qualität

Die Qualität der Arbeit des Development Teams ist unerlässlich für den Erfolg des Produkts, das entwickelt wird. Ein wichtiges Instrument zur Sicherstellung dieser Qualität ist die Definition of Done (DoD). Diese Checkliste legt fest, welche Anforderungen ein Produktinkrement erfüllen muss, um als fertig betrachtet zu werden. Die DoD könnte Elemente wie erfolgreiche Tests, Code-Reviews oder Dokumentation enthalten. Durch die Einhaltung dieser DoD stellt das Development Team sicher, dass alle ausgelieferten Inkremente einen konsistenten Qualitätsstandard erfüllen.

Integration von Praktiken wie Test Driven Development (TDD) und Continuous Integration (CI) kann ebenfalls dazu beitragen, die Qualität zu erhöhen. TDD erfordert, dass Entwickler Tests schreiben, bevor sie den eigentlichen Code erstellen, was zu weniger Fehlern und besserem Design führt. CI sorgt dafür, dass der Code kontinuierlich in ein zentrales Repository integriert und getestet wird, wodurch schnelle Rückmeldungen über den Zustand des Produkts erhalten werden können.

Zusammenarbeit im Development Team

Effektive Zusammenarbeit ist das Rückgrat eines erfolgreichen Development Teams. Dies erfordert mehr als nur technische Fertigkeiten; Soft Skills wie Kommunikation, Konfliktlösung und Teamarbeit sind genauso wichtig. Ein starkes Team hat klare Kommunikationswege und eine Kultur des Vertrauens und der Offenheit, in der Meinungen und Ideen frei ausgetauscht werden können.

Die Zusammenarbeit innerhalb des Teams erstreckt sich auch auf die Zusammenarbeit mit dem Product Owner und dem Scrum Master. Während der Product Owner die Vision für das Produkt und die Anforderungen klarstellt, unterstützt der Scrum Master das Development Team, indem er Hindernisse beseitigt und sicherstellt, dass Scrum-Praktiken eingehalten werden. Diese engmaschige Zusammenarbeit sorgt nicht nur für die Qualität der Lieferergebnisse, sondern auch für eine kontinuierliche Verbesserung der Prozesse und Arbeitsweisen innerhalb des Teams.

Abschließend lässt sich sagen, dass das Development Team das Herzstück jedes Scrum-Projekts bildet. Durch Selbstorganisation, Interdisziplinarität, Qualitätssicherung und enge Zusammenarbeit kann das Development Team signifikante Innovationen vorantreiben und hochwertige Produktinkremente erstellen. Die hier beschriebenen Prinzipien und Praktiken bieten eine solide Grundlage für angehende Professional Scrum Developers, die ihre Fähigkeiten und Kenntnisse in einer der dynamischsten und anspruchsvollsten Rollen im Scrum Framework ausbauen möchten.

Selbstverständlich ist diese Betrachtung nur ein Teil der umfassenden Vorbereitung auf die Scrum.Org PSD-Zertifizierung, doch sie bietet einen fundierten Einblick in die Schlüsselaspekte des Development Teams und dessen Rolle und Verantwortlichkeiten innerhalb des Scrum Frameworks.

Zusammenarbeit und Interaktionen zwischen den Rollen

In einer effektiven Scrum-Umgebung basieren der Erfolg und die Produktivität maßgeblich auf der reibungslosen Zusammenarbeit und den Interaktionen zwischen den verschiedenen Rollen des Teams: dem Product Owner, dem Scrum Master und dem Development Team. Jede dieser Rollen bringt spezifische Verantwortlichkeiten und Perspektiven mit sich, die in einem fein abgestimmten Zusammenspiel für den fließenden Ablauf der Scrum-Prozesse unerlässlich sind.

Kommunikation als Schlüssel zum Erfolg

Die Kommunikation zwischen den Rollen ist entscheidend. Der kontinuierliche Austausch von Informationen sorgt für

Transparenz, hebt Risiken hervor und hilft dem Team, auf nachhaltige Weise Fortschritte zu machen. Regelmäßige Meetings wie das Daily Scrum ermöglichen es dem Team, sich zu synchronisieren und sicherzustellen, dass alle an einem Strang ziehen, um die gesteckten Ziele zu erreichen.

Der Product Owner kommuniziert kontinuierlich mit dem Development Team, um sicherzustellen, dass die Anforderungen klar verstanden und die richtigen Prioritäten gesetzt werden. Ebenso gibt er dem Scrum Master regelmäßig Feedback über den Fortschritt und mögliche Hindernisse, sodass dieser entsprechende Maßnahmen ergreifen kann, um Hindernisse zu beseitigen.

Verantwortungsbereiche und ihre Überschneidungen

Während die Verantwortungsbereiche klar definiert sind, gibt es zahlreiche Berührungspunkte, an denen sich diese überschneiden. Hier einige Beispiele:

- *Product Owner und Development Team:* Der Product Owner ist verantwortlich für die Erstellung und Priorisierung des Product Backlogs. Das Development Team wiederum ist für die Umsetzung der User Stories verantwortlich, die im Backlog definiert sind. Eine enge Zusammenarbeit ist nötig, um sicherzustellen, dass die Anforderungen korrekt verstanden und umgesetzt werden. Ständiger Dialog hilft, Missverständnisse zu vermeiden und schnell auf Änderungen zu reagieren.

- *Scrum Master und Development Team:* Der Scrum Master unterstützt das Development Team, indem er es von externen Störungen und Hindernissen schützt. Gleichermaßen fördert er die Selbstorganisation des Teams und hilft, die Scrum-Praktiken zu optimieren. Diese enge Zusammenarbeit ist unerlässlich, um die Effizienz und Qualität der Entwicklungsarbeit zu maximieren.

Kooperation für ständige Verbesserung

Eine der Kernphilosophien von Scrum ist die kontinuierliche Verbesserung. Dieser Grundsatz erstreckt sich auf alle Interaktionen zwischen den Rollen. In der Sprint Retrospective reflektieren das Development Team, der Scrum Master und der Product Owner gemeinsam über den vergangenen Sprint, identifizieren Verbesserungsmöglichkeiten und planen konkrete Maßnahmen für die Zukunft.

Verbesserungen betreffen nicht nur technische Aspekte, sondern auch die zwischenmenschlichen Interaktionen. Feedback-Kultur und offener Dialog sind wesentliche Komponenten, um ein Klima des Vertrauens und der ständigen Weiterentwicklung zu schaffen.

Herausforderungen und Konfliktlösungsstrategien

Trotz bester Bemühungen sind Konflikte in jedem Team unvermeidlich. Unterschiedliche Meinungen oder Prioritäten können zu Spannungen führen. Ein Scrum Master muss in solchen Situationen als Moderator und Vermittler auftreten, um Konflikte fair und konstruktiv zu lösen.

Es ist wichtig, dass alle Rollen anerkennen, dass Konflikte nicht zwingend negativ sind. Wenn richtig gehandhabt, können sie zu einer Klärung von Missverständnissen und zu einer Stärkung der Teamdynamik beitragen. Offene Kommunikation, gegenseitiger Respekt und eine konzentrierte Problemlösungshaltung sind unerlässliche Voraussetzungen, um Konflikte produktiv zu lösen.

Zusammenarbeit über organisatorische Grenzen hinweg

Ein Scrum-Team funktioniert nicht isoliert, sondern interagiert auch mit anderen Stakeholdern und Teams innerhalb der Organisation. Es ist unabdingbar, dass der Produkt Owner und der Scrum Master in engem Austausch mit dem Management, anderen Produktteams und eventuell auch mit Kunden stehen, um sicherzustellen, dass das Team auf die übergeordneten Unternehmensziele ausgerichtet ist.

Hier kommen „Scaling Scrum"-Ansätze wie Scrum of Scrums oder Nexus ins Spiel. Diese Methoden ermöglichen es mehreren Scrum-Teams, effektiv zusammenzuarbeiten, insbesondere in großen und komplexen Projekten. Die effektive Kommunikation über Teamgrenzen hinweg ist grundlegend, um sicherzustellen, dass alle Teams auf ein gemeinsames Ziel ausgerichtet arbeiten.

Fazit

Die Zusammenarbeit und die Interaktionen zwischen den Scrum-Rollen sind dynamisch und komplex. Sie erfordern ständige Aufmerksamkeit, klare Kommunikation und einen gemeinsamen Fokus auf die Projektziele. Wenn diese Elemente im Gleichgewicht sind, entsteht ein leistungsstarkes, flexibles und belastbares Team, das in der Lage ist, kontinuierlich Wert zu liefern und auf sich ändernde Anforderungen agil zu reagieren.

„Lorem ipsum dolor sit amet, consectetur adipiscing elit, sed do eiusmod tempor incididunt ut labore et dolore magna aliqua. felis eget velit aliquet sagittis id consectetur purus ut. purus viverra accumsan in nisl nisi s" (Scrum Alliance, 2023).

Scrum Artefakte: Produkt-Backlog, Sprint-Backlog und Inkrement

Detaillierte Anforderungen und Priorisierung im Produkt-Backlog

Im Zentrum eines erfolgreichen Scrum-Projekts steht ein gut gepflegtes und klar strukturiertes Produkt-Backlog. Dieses Artefakt bildet das Herzstück der Scrum-Planung und dient als zentrale Liste sämtlicher Arbeitsanforderungen, die im Verlauf des Projekts erfüllt werden sollen. Ein durchdachtes Produkt-Backlog reflektiert die Vision des Produkts und bildet den gemeinsamen Nenner für alle Beteiligten. In diesem Unterkapitel werden wir die Bedeutung detaillierter Anforderungen und effektiver Priorisierung im Produkt-Backlog eingehend untersuchen.

Ein Produkt-Backlog besteht aus einer priorisierten Liste von Items, die auch als Backlog-Einträge bezeichnet werden. Diese Einträge können neue Features, Änderungen an existierenden Features, Fehlerbehebungen, technische Schulden oder andere Aktivitäten sein, die den

Anforderungen des Produkts entsprechen. Jedes dieser Backlog-Items sollte so formuliert sein, dass es leicht verstanden und umgesetzt werden kann. Hierbei gelten einige wesentliche Prinzipien.

Detaillierte Anforderungen: Klarheit und Verständlichkeit

Die detaillierte Beschreibung von Anforderungen ist von zentraler Bedeutung, um sicherzustellen, dass alle Teammitglieder eine gemeinsame Verständnisbasis haben. Eine effektive Methode hierfür ist die Anwendung der INVEST-Kriterien (Independent, Negotiable, Valuable, Estimable, Small, Testable), die von Bill Wake entwickelt wurden:

- **Independent (Unabhängig):** Backlog-Items sollten so weit wie möglich unabhängig voneinander sein, um eine flexible Planung und Umsetzung zu ermöglichen.
- **Negotiable (Verhandelbar):** Backlog-Items sollten als Einladung zur Diskussion und zur Verfeinerung betrachtet werden, nicht als unveränderliche Anforderungen.
- **Valuable (Wertvoll):** Jedes Backlog-Item sollte einen klaren Mehrwert für den Kunden oder das Produkt liefern.
- **Estimable (Schätzbar):** Jedes Item sollte genug Informationen enthalten, um eine zuverlässige Schätzung abzugeben.

- **Small (Klein):** Items sollten klein genug sein, um in einem einzelnen Sprint abgeschlossen zu werden.
- **Testable (Testbar):** Es sollten Kriterien vorliegen, die eine eindeutige Überprüfung der Erfüllung des Items ermöglichen.

Priorisierung im Produkt-Backlog: Wichtige Bedürfnisse vor Wünschen

Die Priorisierung ist ein zentrales Instrument, um sicherzustellen, dass das Scrum-Team stets an den Aufgaben arbeitet, die den größten Wert für das Projekt liefern. Der Product Owner trägt die Hauptverantwortung für die Priorisierung des Produkt-Backlogs. Diese Aufgabe erfordert ein tiefes Verständnis der Marktbedingungen, der Bedürfnisse der Stakeholder sowie der technischen Machbarkeit. Die Priorisierung kann anhand verschiedener Kriterien erfolgen:

- **Business Value:** Items, die den größten wirtschaftlichen Nutzen bieten, sollten Priorität haben.
- **Risikoreduzierung und Gelegenheitserweiterung:** Items, die technisches Risiko reduzieren oder neue technische Gelegenheiten schaffen, können hohe Priorität erhalten.
- **Kundenfeedback und Marktanforderungen:** Feedback von Benutzern und Marktanforderungen sind oft ausschlaggebend für die Priorisierung.
- **Abhängigkeiten:** Manche Items sind Voraussetzung

für andere und erfordern daher eine hohe Priorisierung.

Ein beliebtes Framework zur Priorisierung ist das Kano-Modell, das Items in Basisanforderungen, Leistungsanforderungen und Begeisterungsanforderungen einteilt. Basisanforderungen sind essenziell für die Zufriedenheit der Nutzer und ihre Umsetzung ist zwingend notwendig. Leistungsanforderungen erhöhen direkt die Zufriedenheit der Nutzer proportional zur Implementierung. Begeisterungsanforderungen hingegen sind Features, die die Nutzer nicht erwarten, aber deren Umsetzung eine überproportional hohe Zufriedenheit erzeugt.

Techniken zur Backlog-Verfeinerung

Die kontinuierliche Pflege und Verfeinerung des Produkt-Backlogs ist essenziell, um dessen Aktualität und Relevanz zu gewährleisten. Der Product Owner und das Entwicklungsteam sollten regelmäßig Meetings abhalten, um die Backlog-Einträge zu überprüfen und detaillierter auszuarbeiten. Diese Sitzungen, oft als "Backlog Refinement Sessions" bekannt, sind keine offiziellen Scrum-Ereignisse, haben sich jedoch in der Praxis als äußerst nützlich erwiesen.

In diesen Sitzungen sollte das Team:
- Die Items auf Machbarkeit und technische Details

prüfen.

- Gemeinsam Akzeptanzkriterien für die Items erarbeiten.
- Items in kleinere, handhabbare Segmente zerlegen.
- Neue Erkenntnisse und Veränderungen in den Marktbedingungen berücksichtigen.

Durch diese kontinuierliche Verfeinerung wird sichergestellt, dass das Produkt-Backlog stets die aktuellsten und relevantesten Anforderungen enthält. Dies trägt entscheidend dazu bei, dass das Entwicklungsteam effizient und zielgerichtet arbeiten kann. Eine Studie von Ilan Goldstein in seinem Buch "Scrum Shortcuts Without Cutting Corners" zeigt, dass Teams, die regelmäßige Verfeinerungssitzungen durchführen, eine signifikant höhere Erfolgsrate bei der Umsetzung ihrer Sprints aufweisen.

Zusammenfassung

Ein gut gepflegtes und klar priorisiertes Produkt-Backlog ist das Rückgrat eines jeden Scrum-Projekts. Indem wir detaillierte Anforderungen formulieren und diese konsequent priorisieren, schaffen wir eine solide Basis für die Umsetzung nachfolgender Sprints. Die kontinuierliche Verfeinerung des Backlogs ermöglicht es dem Team, rechtzeitig auf neue Erkenntnisse und Veränderungen zu reagieren und stets die wichtigsten und wertvollsten Items zuerst zu adressieren. So schaffen wir die Voraussetzungen für ein erfolgreiches und effektives Arbeiten nach Scrum.

Mit einem tiefen Verständnis der Anforderungen und Priorisierungen im Produkt-Backlog können angehende Professional Scrum Developer die Grundlage für erfolgreiche und wertvolle Produktentwicklungen legen. Dieses Wissen ist ein entscheidender Bestandteil für das Bestehen der Scrum.Org PSD Zertifizierung und für den erfolgreichen Einsatz von Scrum in der Praxis.

Sprint-Backlog: Erstellung, Pflege und Umsetzung

Das Sprint-Backlog ist eines der zentralen Artefakte im Scrum-Framework und ein essenzielles Werkzeug für jedes Scrum-Team. Seine Bedeutung kann nicht überschätzt werden, denn es stellt den kurzfristigen Arbeitsplan für das Entwicklungsteam dar und spielt eine entscheidende Rolle bei der Erreichung der Sprint-Ziele. In diesem Unterkapitel werden wir uns eingehend mit der Erstellung, Pflege und Umsetzung des Sprint-Backlogs befassen.

Erstellung des Sprint-Backlogs

Das Sprint-Backlog wird während des Sprint Planning Meetings erstellt, das zu Beginn jedes Sprints stattfindet. Ziel dieses Meetings ist es, die Arbeit zu planen, die im anstehenden Sprint erledigt werden soll. Hierbei wählt das Entwicklungsteam zusammen mit dem Product Owner jene Einträge aus dem Produkt-Backlog aus, die während des Sprints umgesetzt werden sollen. Diese ausgewählten Elemente bilden die Grundlage für das Sprint-Backlog.

Bei der Auswahl der Einträge konzentriert sich das Team auf jene, die den höchsten Wert für das Produkt bieten und sich innerhalb des Sprint-Zyklus (typischerweise zwei bis vier Wochen) umsetzen lassen. Eine wichtige Rolle spielt dabei die sogenannte "Definition of Ready", welche bestimmt, wann ein Backlog-Item bereit ist, um in einen Sprint übernommen zu werden. Die Definition of Ready sorgt dafür, dass das Team nur gut vorbereitete und ausreichend detaillierte Items einplant, um Verzögerungen und Unklarheiten während des Sprints zu vermeiden.

Nachdem die Auswahl der Backlog-Items getroffen wurde, zerlegt das Entwicklungsteam diese in detaillierte Aufgaben oder "Tasks". Diese Tasks sollten spezifisch genug sein, um innerhalb eines Arbeitstags abgeschlossen werden zu können. Ein effizient strukturiertes Sprint-Backlog verbessert die Transparenz und Nachverfolgbarkeit der Arbeitsfortschritte erheblich.

Pflege des Sprint-Backlogs

Das Sprint-Backlog ist ein lebendiges Dokument, das kontinuierlich gepflegt und aktualisiert werden muss. Ein statisches Sprint-Backlog wird dem dynamischen Charakter eines Scrum-Teams nicht gerecht. Veränderungen im Sprint-Backlog können aus mehreren Gründen notwendig sein:

- Neue Erkenntnisse: Während des Sprints können neue Informationen oder Anforderungen auftauchen, die eine Anpassung der Aufgaben erforderlich machen.

- Fortschrittskontrolle: Regelmäßige Überprüfungen während des Daily Scrum Meetings helfen, den aktuellen Stand der Arbeiten zu überwachen und gegebenenfalls Anpassungen vorzunehmen.

- Unerwartete Hindernisse: Sollten während des Sprints Hindernisse auftreten, die eine Fertigstellung bestimmter Aufgaben in Frage stellen, muss das Team strategische Anpassungen vornehmen, um das Sprint-Ziel dennoch zu erreichen.

Ein entscheidender Aspekt der Pflege ist die enge Zusammenarbeit innerhalb des Entwicklungsteams sowie mit dem Product Owner. Veränderungen sollten immer transparent und für alle Beteiligten nachvollziehbar dokumentiert werden.

Umsetzung des Sprint-Backlogs

Die Umsetzung des Sprint-Backlogs erfolgt durch das Entwicklungsteam im Verlauf des Sprints. Hierbei kommen mehrere Prinzipien und Praktiken zum Einsatz, die sicherstellen, dass die geplanten Aufgaben effizient und qualitativ hochwertig erledigt werden. Dazu gehören:

- *Daily Scrum:* Tägliche Stand-up-Meetings, in denen das Team den Fortschritt bespricht, Hindernisse identifiziert und die nächsten Schritte plant. Diese kurzen Meetings von jeweils 15 Minuten sind entscheidend für die Synchronisation des Teams.
- *Task-Boards:* Visuelle Tools wie Kanban-Boards oder digitale Projektmanagement-Tools, die helfen, den Status jeder Aufgabe transparent darzustellen. Sie ermöglichen eine schnelle Identifizierung von Blockaden und eine effiziente Umverteilung von Ressourcen.
- *Pair Programming und Code Reviews:* Zusammenarbeit zwischen Entwicklern, um die Qualität des Codes sicherzustellen. Durch regelmäßige Code Reviews und gemeinsames Programmieren können Fehler frühzeitig erkannt und behoben werden.

Ein weiterer wichtiger Bestandteil der Umsetzung ist das kontinuierliche Feedback. So stellt das Team sicher, dass es auf Kurs bleibt und sich stetig verbessert. Feedback-Schleifen innerhalb des Sprints, wie Peer Reviews oder Test

Sessions, tragen dazu bei, dass die Qualität der Arbeit hoch bleibt und das Team seine Effizienz kontinuierlich steigert.

Zusammenfassend lässt sich sagen, dass das Sprint-Backlog nicht nur ein Planungswerkzeug, sondern auch ein zentrales Element des täglichen Arbeitsablaufs in einem Scrum-Team ist. Eine sorgfältige Erstellung, kontinuierliche Pflege und disziplinierte Umsetzung des Sprint-Backlogs sind Schlüsselfaktoren für den Erfolg eines jeden Sprints. Der richtige Umgang mit dem Sprint-Backlog ermöglicht es dem Team, flexibel auf neue Herausforderungen zu reagieren und gleichzeitig die Qualität der Arbeit zu sichern.

Quellen:
- Schwaber, K., & Sutherland, J. (2020). *The Scrum Guide.* ". Scrum.org.
- Pichler, R. (2010). *Agile Product Management with Scrum: Creating Products that Customers Love.* Addison-Wesley Professional.
- Cohn, M. (2005). *Agile Estimating and Planning.* Prentice Hall.

Definition of Done (DoD) und ihre Bedeutung für das Inkrement

Die Definition of Done (DoD) ist ein wesentlicher Bestandteil des Scrum Frameworks und spielt eine fundamentale Rolle für die Qualität und den Erfolg des Inkrements. In diesem Unterkapitel werden wir die Bedeutung der Definition of Done, ihre Erstellung und Anwendung sowie ihren Einfluss auf das Inkrement detailliert erläutern. Durch das Verständnis und die richtige Implementierung der DoD kann sichergestellt werden, dass jedes Inkrement den höchsten Qualitätsstandards entspricht und potenziell auslieferbar ist.

Die Definition of Done ist eine klare und transparente Checkliste von Kriterien, die festlegt, wann eine User Story oder ein Produktinkrement als vollständig abgeschlossen betrachtet werden kann. Diese Kriterien werden vom Scrum-Team gemeinsam festgelegt und beinhalten alle notwendigen Aufgaben, die erforderlich sind, um einen hohen Qualitätsstandard zu gewährleisten. Dies kann Aspekte wie Code-Reviews, Unit-Tests, Dokumentation oder sogar die Freigabe der Software betreffen.

Erstellung der Definition of Done

Die Erstellung der DoD ist ein kollaborativer Prozess, an dem das gesamte Scrum-Team beteiligt ist, einschließlich der Entwickler, des Product Owners und des Scrum Masters. Der Prozess zur Festlegung der DoD kann folgende Schritte umfassen:

- **Anforderungen sammeln:** Identifizieren Sie die Mindestanforderungen für Qualität und Fertigstellung, die für das Projekt und den Kunden wichtig sind.
- **Diskussion und Konsens:** Alle Teammitglieder sollten sich einig sein und die Kriterien verstehen. Eine Diskussion hilft dabei, unterschiedliche Perspektiven zu berücksichtigen und eine einheitliche Definition zu entwickeln.
- **Formulierung der Kriterien:** Die DoD sollte klar und messbar formuliert sein. Jede Anforderung sollte präzise beschreiben, welche Schritte notwendig sind, um die Arbeit als abgeschlossen zu betrachten.
- **Regelmäßige Überprüfung und Aktualisierung:** Die DoD ist kein statisches Artefakt. Sie sollte regelmäßig überprüft und angepasst werden, um sich ändernden Rahmenbedingungen oder neuen Erkenntnissen gerecht zu werden.

Bedeutung der Definition of Done für das Inkrement

Die Definition of Done hat einen direkten Einfluss auf die
Qualität und Auslieferbarkeit des Inkrements. Wenn alle
Aufgaben in einem Sprint abgeschlossen und die festgelegten Kriterien der DoD erfüllt sind, ist das resultierende Inkrement potenziell auslieferbar. Dies bedeutet, dass das
Produkt in einem zustand ist, der den Qualitätsstandards
entspricht und sofort den Kunden zur Verfügung gestellt
werden kann.

Ein klar definierter und einheitlicher DoD bietet mehrere
Vorteile:

- **Verlässlichkeit und Transparenz:** Die DoD schafft
  ein gemeinsames Verständnis darüber, was „fertig"
  bedeutet. Dies verbessert die Transparenz und die
  Kommunikation innerhalb des Teams sowie mit den
  Stakeholdern.
- **Qualitätssicherung:** Durch die Synchronisation von
  Qualitätskriterien stellt die DoD sicher, dass alle notwendigen Qualitätsprüfungen durchgeführt werden
  und das Endergebnis einem hohen Standard entspricht.
- **Vorhersehbarkeit:** Eine gut definierte DoD hilft ein-
  schätzen zu können, wieviel Arbeit für ein Inkrement
  wirklich abgeschlossen werden kann, was zu besseren
  Sprint-Planungen und realistischeren Zeitvorgaben
  führt.

Praktische Anwendung der Definition of Done

Die DoD wird in jedem Sprint auf alle Product Backlog Items angewendet, die im Sprint Backlog enthalten sind. Dies umfasst die Entwicklung neuer Funktionen, das Beheben von Fehlern sowie alle anderen Aufgaben, die zur Wertschöpfung beitragen. Um sicherzustellen, dass die DoD effektiv angewendet wird, sollten die folgenden Bereiche berücksichtigt werden:

- **Automatisierte Tests:** Automatisierung ist ein Schlüssel zur ständigen Qualitätssicherung. Unit-Tests, Integrationstests und End-to-End-Tests sollten Teil der DoD sein.

- **Code-Reviews:** Strikte Code-Reviews helfen, die Qualität des Codes zu sichern und sicherzustellen, dass die Kriterien der DoD erfüllt sind.

- **Dokumentation:** Eine angemessene und vollständige Dokumentation sollte ebenfalls Teil der DoD sein. Dies betrifft sowohl die technische Dokumentation als auch die Benutzeranleitung oder andere relevante Dokumentationen.

- **Freigaben und Abnahmen:** Regelmäßige Abnahmen durch den Product Owner und gegebenenfalls andere Stakeholder können sicherstellen, dass das Inkrement die Erwartungen erfüllt.

Beispiel für eine Definition of Done

Jedes Scrum-Team kann seine eigene spezifische DoD entwickeln, um den individuellen Anforderungen des Projekts gerecht zu werden. Ein Beispiel für eine allgemein gehaltene DoD könnte wie folgt aussehen:

- Code wurde geschrieben und kompiliert ohne Fehler
- Es bestehen keine offenen dokumentierten Bugs
- Unit-Tests und Integrationstests erfolgreich durchgeführt
- Code wurde per Peer-Review auf Qualität und Standards überprüft
- Technische Dokumentation ist aktuell und vollständig
- Die Funktionalität wurde vom Product Owner abgenommen
- Die Software ist auf der Zielumgebung erfolgreich bereitgestellt

Denken Sie daran, dass die Definition of Done von Team zu Team unterschiedlich sein kann und an die spezifischen Bedürfnisse und Rahmenbedingungen des jeweiligen Projekts angepasst werden sollte. Ein flexibler, aber stringenter Ansatz zur DoD ist der Schlüssel zu kontinuierlicher Verbesserung und erfolgreichem Projektabschluss.

Im nächsten Unterkapitel werden wir uns mit der kontinuierlichen Verbesserung und Optimierung der Scrum-Artefakte befassen. Dies schließt an unser Verständnis der DoD an und zeigt, wie Teams ihre Arbeit weiter verfeinern und die Qualität der Artefakte kontinuierlich steigern können.

Kontinuierliche Verbesserung und Optimierung der Scrum Artefakte

Kontinuierliche Verbesserung und Optimierung sind zentrale Aspekte des agilen Manifestos und gehören zu den grundlegenden Prinzipien von Scrum. Die kontinuierliche Verbesserung der Scrum-Artefakte – Produkt-Backlog, Sprint-Backlog und Inkrement – trägt wesentlich zur Effizienz des Entwicklerteams und zur Qualität des Endprodukts bei. In diesem Unterkapitel werden wir eingehend beleuchten, wie eine solche Weiterentwicklung und Optimierung in der Praxis aussehen kann.

Kontinuierliche Verbesserung des Produkt-Backlogs

Der Produkt-Backlog ist eine dynamische Liste, die alle auszuführenden Arbeiten und Anforderungen für das Produkt beschreibt. Ein zentraler Aspekt der kontinuierlichen Verbesserung besteht darin, den Produkt-Backlog regelmäßig zu pflegen und zu aktualisieren. Dieses ständige Hinterfragen und Anpassen der Anforderungen stellt sicher, dass das Entwicklerteam stets an den wertvollsten und relevantesten Aufgaben arbeitet.

Ein praxisnaher Ansatz zur kontinuierlichen Verbesserung des Produkt-Backlogs ist das regelmäßige Product Backlog Refinement (PBR). Diese Sitzung ermöglicht es dem Scrum-Team, Items im Produkt-Backlog zu überprüfen und zu verfeinern. In der Regel sollte etwa 10% der Kapazität des gesamten Scrum-Teams in die Verfeinerung des Backlogs investiert werden. Während des Refinements können Anforderungen präzisiert, Story Points angepasst und Prioritäten neu bewertet werden.

Ein weiteres wichtiges Werkzeug in diesem Kontext ist die Definition of Ready (DoR). Die DoR ist eine Liste von Kriterien, die sicherstellt, dass ein Produkt-Backlog-Item bereit ist, bearbeitet zu werden. Die Erstellung und konsequente Anwendung der DoR kann verhindern, dass unzureichend definierte oder nicht durchdachte Items den Sprint-Backlog erreichen und somit den Entwicklungsprozess stören.

Optimierung des Sprint-Backlogs

Der Sprint-Backlog enthält alle Aufgaben, die für einen Sprint ausgewählt wurden. Ähnlich wie der Produkt-

Backlog, muss auch der Sprint-Backlog kontinuierlich geprüft und optimiert werden. Ein effizienter Sprint-Backlog ist klar, fokussiert und für das Team machbar.

Ein effektiver Weg, den Sprint-Backlog zu optimieren, besteht darin, das Sprint Planning umfassend vorzubereiten. In dieser Sitzung trifft das Scrum-Team Entscheidungen darüber, welche Backlog-Items in den kommenden Sprint aufgenommen werden. Es ist entscheidend, dass alle Teammitglieder ein gemeinsames Verständnis der Aufgaben haben und sie in überschaubare, machbare Einheiten zerlegen.

Die Transparenz des Sprint-Backlogs spielt ebenfalls eine zentrale Rolle. Die tägliche Überprüfung im Daily Scrum fördert nicht nur die Transparenz, sondern ermöglicht es dem Team auch, rasch auf Herausforderungen und Hindernisse zu reagieren. Durch den Austausch über den Fortschritt der Aufgaben können Anpassungen vorgenommen werden, bevor ernsthafte Probleme entstehen.

Die Rolle des Inkrements in der kontinuierlichen Verbesserung

Das Inkrement ist ein fertiges, potenziell auslieferbares Produkt am Ende jedes Sprints. Es stellt die Summe aller in vorherigen Sprints realisierten Inkremente dar und wird durch den aktuellen Sprint ergänzt. Die kontinuierliche

Verbesserung des Inkrements ist entscheidend für die fortlaufende Wertsteigerung des Produkts.

Um die Qualität des Inkrements sicherzustellen, ist die Definition of Done (DoD) von zentraler Bedeutung. Die DoD stellt sicher, dass alle Qualitätsanforderungen erfüllt sind und das Inkrement vollständig und funktionsfähig ist. Durch regelmäßige Überprüfung und Anpassung der DoD kann das Team sicherstellen, dass die Qualitätsstandards kontinuierlich weiterentwickelt werden und den aktuellen Bedürfnissen entsprechen.

Ebenfalls essenziell ist die Durchführung von Sprint Reviews. Diese Reviews bieten eine Plattform, um Feedback von Stakeholdern zu bekommen und dieses in die zukünftigen Entwicklungsarbeiten einzubeziehen. Auf Grundlage dieses Feedbacks kann das Entwicklerteam wertvolle Erkenntnisse gewinnen und notwendige Verbesserungen identifizieren und umsetzen.

Zusammenarbeit und Engagement

Abschließend lässt sich festhalten, dass kontinuierliche Verbesserung und Optimierung der Scrum-Artefakte maßgeblich durch eine intensive Zusammenarbeit und das Engagement des gesamten Scrum-Teams ermöglicht werden. Regelmäßige Kommunikation und kooperative Feedback-Schleifen fördern ein gemeinsames

Verantwortungsbewusstsein und stärken das Team in seiner Fähigkeit, qualitativ hochwertige Produkte zu liefern.

Auch externe Quellen und Best Practices innerhalb der Scrum-Community können zur kontinuierlichen Verbesserung beitragen. Ein aktiver Austausch mit anderen Scrum-Teams und die Teilnahme an Scrum-fokussierten Meetups oder Konferenzen können wertvolle Einblicke und neue Ideen liefern.

In einer Welt, die sich ständig weiterentwickelt und verändert, bleibt auch die agile Arbeitsweise nicht statisch. Daher ist es von entscheidender Bedeutung, den Prozess der kontinuierlichen Verbesserung in den Alltag des Scrum-Teams zu integrieren und als festen Bestandteil der Unternehmenskultur zu etablieren.

Scrum Ereignisse: Sprint, Sprint Planning, Daily Scrum, Sprint Review, Sprint Retrospective

Das Sprint Planning: Ziele definieren und Aufgaben priorisieren

Das Sprint Planning ist ein zentrales Element des Scrum-Frameworks und stellt den Ausgangspunkt für jeden neuen Sprint dar. Es bildet die Basis für eine erfolgreiche Sprintausführung, indem es das Team dabei unterstützt, klare Ziele zu definieren und die anstehenden Aufgaben zu priorisieren. In diesem Unterkapitel werden wir den Ablauf des Sprint Planning detailliert beleuchten, die Beteiligten und ihre Rollen darstellen sowie die zu berücksichtigenden Aspekte zur Ziel- und Aufgabenfindung näher erläutern.

1. Ablauf des Sprint Planning

Das Sprint Planning Meeting besteht im Allgemeinen aus zwei Hauptteilen:

1.1 Definition des Sprint-Ziels

Im ersten Teil des Sprint Planning Meetings liegt der Fokus auf der Festlegung eines klaren und erreichbaren Sprint-Ziels. Dieses Ziel sollte eine konsistente Vision für das Team darstellen und die Prioritäten für den bevorstehenden Sprint verdeutlichen. Verschiedene Stakeholder, einschließlich des Product Owners, tragen hier ihre Erwartungen und Wünsche vor. Anhand dieser Informationen wird das Sprint-Ziel formuliert, welches das Team im Laufe des Sprints anstrebt.

1.2 Erstellung des Sprint-Backlogs

Nachdem das Sprint-Ziel definiert wurde, konzentriert sich der zweite Teil des Meetings auf die Erstellung des Sprint-Backlogs. Hierbei handelt es sich um eine detaillierte Liste von Aufgaben und User Stories, die das Team während des Sprints umsetzen soll. Der Product Owner spielt eine entscheidende Rolle bei der Priorisierung der Einträge im Product Backlog und hilft dabei, diejenigen Aufgaben auszuwählen, die zur Erreichung des Sprint-Ziels am besten beitragen.

2. Beteiligte und ihre Rollen

Ein erfolgreicher Sprint Planning Workshop erfordert die aktive Teilnahme mehrerer Schlüsselrollen:

Product Owner
Der Product Owner ist für die inhaltlichen Aspekte des Sprint Backlogs verantwortlich. Er stellt sicher, dass die ausgewählten Stories einen hohen Mehrwert bieten und in Einklang mit den übergeordneten Produktzielen stehen.

Scrum Master
Der Scrum Master moderiert das Meeting und sorgt dafür, dass es effizient und zielorientiert verläuft. Zudem unterstützt er das Team bei der Beseitigung von Hindernissen, die das Sprint Planning behindern könnten.

Entwicklungsteam
Das Entwicklungsteam bringt das technische Know-how und die Erfahrung in den Planungsprozess ein. Es ist entscheidend, dass das Team eine realistische Einschätzung der zu erledigenden Aufgaben abgibt und sich einig darüber ist, welche Stories und Tasks im Sprint Backlog aufgenommen werden.

3. Aspekte zur Ziel- und Aufgabenfindung

Bei der Festlegung der Sprint-Ziele und der Priorisierung der Aufgaben sind verschiedene wichtige Aspekte zu berücksichtigen:

Technische Machbarkeit
Das Team muss evaluieren, ob die Umsetzung der ausgewählten Aufgaben in technischer Hinsicht innerhalb des Sprints realisierbar ist. Hierbei sollten mögliche technische Risiken und Herausforderungen berücksichtigt werden.

Ressourcenverfügbarkeit
Es ist wichtig, die Verfügbarkeit der Teammitglieder und anderer benötigter Ressourcen zu prüfen. Überbelastung kann zu Qualitätsverlusten und verzögerten Lieferzeiten führen.

Nutzer- und Business-Value
Die ausgewählten Aufgaben sollten nicht nur technisch machbar, sondern auch aus geschäftlicher Sicht sinnvoll und für die Nutzer wertvoll sein. Ein erfolgreicher Sprint liefert in der Regel einen inkrementellen Mehrwert für das Produkt.

Schätzung der Arbeitsbelastung
Eine realistische Abschätzung der Arbeitsbelastung ist essenziell. Tools wie Planning Poker oder die T-Shirt-Sizing-Methode können dabei helfen, die Komplexität und den erforderlichen Aufwand der zu erledigenden Tasks besser einzuschätzen.

4. Fragestellungen zur Anregung der Diskussion

Während des Sprint Planning Meetings können folgende Fragen hilfreich sein, um eine tiefgehende Diskussion zu fördern und Klarheit über die nächsten Schritte zu gewinnen:

- Welche Stories müssen unbedingt in diesem Sprint abgeschlossen werden, um das Sprint-Ziel zu erreichen?
- Welche technischen Herausforderungen erwarten wir und wie können wir sie frühzeitig angehen?
- Welche Abhängigkeiten existieren zwischen den Aufgaben und wie können wir diese effizient handhaben?
- Welche Aufgaben bieten den höchsten Mehrwert für den Nutzer und das Unternehmen?
- Wie verteilen wir die Aufgaben optimal unter den Teammitgliedern?

Zusammengefasst ist das Sprint Planning eine wesentliche Praktik im Scrum-Prozess, die das Team auf den bevorstehenden Sprint vorbereitet. Durch das Festlegen klarer Ziele und das Priorisieren der Aufgaben schafft das Team eine solide Grundlage für die erfolgreiche Umsetzung dringend benötigter Funktionen und Features. Ein gut durchgeführtes Sprint Planning Meeting fördert die Teamzusammenarbeit, die technische Exzellenz und die Ausrichtung auf gemeinschaftlich angestrebte Ziele.

Der Daily Scrum: Effektive Teamkoordination und Hindernisbeseitigung

Der Daily Scrum, oft auch als "Stand-up Meeting" bezeichnet, ist eines der fünf zentralen Ereignisse im Scrum Framework und hat das Ziel, die Teamkoordination zu fördern und zeitnah Hindernisse zu identifizieren. Er findet täglich zur gleichen Zeit und am gleichen Ort statt und dauert maximal 15 Minuten. Dies stellt sicher, dass der Aufwand überschaubar bleibt und das Team sich voll auf die anstehenden Aufgaben konzentrieren kann.

Im Daily Scrum geht es nicht um eine ausführliche Projektbesprechung, sondern darum, das Selbstmanagement der

Entwickler zu fördern und die Anpassung des Plans für den nächsten Arbeitstag zu ermöglichen. Die Struktur des Meetings ist bewusst einfach gehalten, um Effizienz und Fokussierung zu maximieren.

Die Drei Fragen des Daily Scrum

Während des Daily Scrum beantwortet jedes Teammitglied typischerweise drei Fragen:

- Was habe ich seit dem letzten Daily Scrum getan, das dem Team hilft, das Sprint-Ziel zu erreichen?
- Was werde ich bis zum nächsten Daily Scrum tun, um dem Team zu helfen, das Sprint-Ziel zu erreichen?
- Sehe ich irgendein Hindernis, das mich oder das Team daran hindert, das Sprint-Ziel zu erreichen?

Diese Fragen sind nicht zwingend vorgeschrieben, bieten jedoch eine nützliche Struktur, insbesondere für weniger erfahrene Teams. Sie ermöglichen ein fokussiertes Update, ohne in ausufernde Details abzuschweifen. Das Scrum Master achtet darauf, dass das Meeting im Zeitrahmen bleibt und die thematische Richtung gewahrt wird.

Die Rolle des Scrum Masters im Daily Scrum

Der Scrum Master hat eine unterstützende, aber keine leitende Rolle im Daily Scrum. Er sorgt dafür, dass das Ereignis stattfindet und die Teilnehmer das Prinzip verstehen. Der Fokus des Scrum Masters liegt darauf, Hindernisse zu identifizieren und zu beseitigen, die außerhalb der Kontrolle des Teams liegen.

Scrum ist eine disruptive und erwachsene Methode, die fordert, dass die Leute selbst handeln, nicht auf jemand anderen warten. - Jeff Sutherland

Die Aufgaben des Scrum Masters im Zusammenhang mit dem Daily Scrum umfassen:
- Sicherstellen, dass das Team den Daily Scrum versteht und effektiv nutzt.
- Beobachten, ob Teammitglieder Blockierungen melden, und unterstützen bei deren Beseitigung.
- Fördern der Selbstorganisation und Nachhalten, dass keine unerledigten Themen bestehen bleiben.

Vorteile des Daily Scrum

Der Daily Scrum bietet zahlreiche Vorteile, die weit über die reine Fortschrittskontrolle hinausgehen:

- **Transparenz:** Jeder im Team weiß, woran alle arbeiten. Das erhöht nicht nur das Vertrauen, sondern fördert auch die gegenseitige Unterstützung.
- **Anpassungsfähigkeit:** Probleme und Hindernisse werden sofort sichtbar gemacht und können zeitnah adressiert werden.
- **Teamzusammenhalt:** Regelmäßige Kurzbesprechungen führen zu besserem Verständnis und Zusammenarbeit.

Häufige Herausforderungen und Lösungen

Obwohl der Daily Scrum einfach und direkt konzipiert ist, gibt es häufige Herausforderungen, denen Teams begegnen könnten, wie beispielsweise:

- **Zu lange Meetings:** Wenn das Team den Zeitrahmen von 15 Minuten überschreitet, sollte der Scrum Master einschreiten und die Struktur schärfen. Eine strikte Zeitvorgabe und Fokus auf die drei Fragen kann helfen, dies zu vermeiden.
- **Thematische Abschweifungen:** Manchmal geraten Diskussionen ins Detail oder weiten sich ungewollt aus. Es ist hilfreich, solche Themen zu vermerken und

nach dem Meeting zu besprechen.
- **Passive Teilnehmer:** Jedes Teammitglied sollte aktiv beteiligt sein. Der Scrum Master kann durch einfache Fragen und Aufforderungen die Beteiligung fördern.

Ein gut durchgeführter Daily Scrum bildet das Rückgrat einer erfolgreichen Sprint-Umsetzung. Er fördert die Teamkoordination, Transparenz und kontinuierliche Verbesserung.

Quellen:
- Schwaber, Ken; Sutherland, Jeff: "The Scrum Guide," (2020).
- Cohn, Mike: "Succeeding with Agile: Software Development Using Scrum," (2009).

Das Sprint Review: Ergebnisse präsentieren und Feedback einholen

Das Sprint Review ist ein zentrales Element des Scrum-Frameworks. Es stellt sicher, dass das Team regelmäßig Feedback zu seiner Arbeit erhält und dass das entwickelte Produkt kontinuierlich verbessert wird. Dieses Meeting findet am Ende jedes Sprints statt und bietet die Möglichkeit, das fertige Inkrement zu präsentieren, Feedback von Stakeholdern zu erhalten und den Produkt-Backlog für kommende Sprints anzupassen. In diesem Unterkapitel werden wir jeden Aspekt des Sprint Reviews detailliert betrachten, um Ihnen ein umfassendes Verständnis dieses wichtigen Scrum-Ereignisses zu vermitteln.

Zweck und Ziel des Sprint Reviews

Das Hauptziel des Sprint Reviews ist es, das Produktinkrement und die durchgeführten Arbeiten des Sprints zu überprüfen und Feedback von Stakeholdern einzuholen. Dieses zentrale Scrum-Ereignis bietet eine Plattform für den Austausch zwischen dem Scrum-Team und den Stakeholdern. Dadurch wird sichergestellt, dass das Produkt die Bedürfnisse und Erwartungen der Stakeholder erfüllt und dass es kontinuierlich verbessert wird.

Ein weiteres Ziel des Sprint Reviews ist es, den Fortschritt hin zu den Sprint-Zielen zu bewerten. Dies schließt eine Überprüfung des aktuellen Produktbacklogs und eine Planung der nächsten Schritte ein. Die Transparenz, die durch das Sprint Review geschaffen wird, fördert das Vertrauen und die Zusammenarbeit zwischen dem Entwicklungsteam und den Stakeholdern.

Teilnehmer am Sprint Review

Am Sprint Review nehmen sämtliche Mitglieder des Scrum-Teams teil: der Product Owner, das Entwicklungsteam und der Scrum Master. Darüber hinaus sind Stakeholder, die ein berechtigtes Interesse am Fortschritt des Produkts haben, eingeladen. Diese können Kunden, Benutzer, Unternehmensleitung oder andere relevante Parteien sein.

Der Product Owner spielt eine wesentliche Rolle im Sprint Review, da er für die Präsentation des Fortschritts des Produkts und die Verwaltung des Produkt-Backlogs verantwortlich ist. Er ist auch der primäre Ansprechpartner für die Stakeholder.

Agenda des Sprint Reviews

Die typische Agenda eines Sprint Reviews kann wie folgt aussehen:

- Begrüßung und Einleitung durch den Scrum Master
- Präsentation des fertigen Inkrements durch das Entwicklungsteam
- Erfassung und Diskussion von Feedback durch die Stakeholder
- Review des aktuellen Produkt-Backlogs und Anpassung basierend auf dem erhaltenen Feedback
- Abschluss und Ausblick auf den nächsten Sprint

Präsentation des Inkrements

Die Präsentation des fertigen Inkrements ist der zentrale Punkt des Sprint Reviews. Das Entwicklungsteam demonstriert die Funktionen und die gesamten Arbeiten, die während des Sprints abgeschlossen wurden. Diese Präsentation sollte möglichst in einer Umgebung stattfinden, die der realen Nutzungsumgebung ähnelt, um den Stakeholdern ein realistisches Bild von der Produktentwicklung zu vermitteln.

Wichtig ist, dass nur fertiggestellte und abgenommene Arbeiten präsentiert werden. Unfertige Arbeiten oder Arbeiten, die nicht den Definition of Done Kriterien entsprechen, sollten nicht im Sprint Review gezeigt werden.

Feedback-Sammlung

Ein bedeutender Bestandteil des Sprint Reviews ist die Sammlung von Feedback. Stakeholder äußern ihre Meinungen zum präsentierten Inkrement, machen Vorschläge und stellen Fragen. Dieser Feedback-Prozess ist essentiell für die kontinuierliche Verbesserung des Produkts. Der Product Owner spielt hier eine zentrale Rolle, indem er das Feedback erfasst und bewertet, welche Änderungen und Anpassungen im Produkt-Backlog vorgenommen werden sollten.

Anpassung des Produkt-Backlogs

Nach Einholung des Feedbacks bewertet der Product Owner gemeinsam mit dem Entwicklungsteam, welche Punkte in den Produkt-Backlog aufgenommen oder verändert werden sollten. Dies gewährleistet, dass das nächste Produktinkrement die Anforderungen und Wünsche der Stakeholder besser erfüllt. Ein gut gepflegter und angepasstes Produkt-Backlog ist der Schlüssel zum langfristigen Erfolg eines Scrum-Projekts.

Abschluss des Sprint Reviews

Zum Abschluss des Sprint Reviews fasst der Scrum Master die wichtigsten Erkenntnisse zusammen und gibt einen Ausblick auf den nächsten Sprint. Diese abschließende Zusammenfassung schafft Klarheit über den erreichten Fortschritt und die nächsten Schritte und stärkt das gemeinsame Verständnis und die Zusammenarbeit im Team.

Fazit

Das Sprint Review ist mehr als nur eine Präsentation des fertigen Inkrements. Es ist ein wesentlicher Bestandteil des Scrum-Prozesses, der sicherstellt, dass das Produkt kontinuierlich verbessert und an die Anforderungen der Stakeholder angepasst wird. Durch die regelmäßige Überprüfung und das Einholen von Feedback wird Transparenz geschaffen und das Vertrauen innerhalb des Teams sowie zwischen Team und Stakeholdern gestärkt. Ein gut durchgeführtes Sprint Review ist ein unverzichtbares Instrument, um den langfristigen Erfolg eines Scrum-Projekts sicherzustellen.

Wie Jeff Sutherland, einer der Mitbegründer von Scrum, treffend formulierte: „Scrum is about continuous improvement. The Sprint Review is our opportunity to gauge our progress and refine our course based on real-world feedback." („Scrum dreht sich um kontinuierliche

Verbesserung. Das Sprint Review ist unsere Gelegenheit, unseren Fortschritt zu messen und unseren Kurs basierend auf realem Feedback zu verfeinern.")

Die Sprint Retrospective: Prozessverbesserungen identifizieren und implementieren

Die Sprint Retrospective, oft auch einfach als Retrospektive bezeichnet, ist ein essenzielles Scrum-Ereignis, das am Ende eines jeden Sprints stattfindet. Ihr Hauptziel besteht darin, die kontinuierliche Verbesserung des Teams und seiner Arbeitsprozesse zu fördern. In diesem Unterkapitel werden wir uns daher eingehend mit der Bedeutung, dem Ablauf und den besten Praktiken zur Durchführung einer erfolgreichen Sprint Retrospective beschäftigen.

Bedeutung der Sprint Retrospective

Die Sprint Retrospective ist eine entscheidende Gelegenheit für das Scrum Team, sich zu treffen und kritisch zu reflektieren, wie sie zusammengearbeitet haben, welche Herausforderungen aufgetreten sind und was sie verbessern können. Gemäß dem Scrum Guide „reflektiert das Scrum Team sich selbst und erstellt einen Plan für Verbesserungen, die beim nächsten Sprint umgesetzt werden sollen" (Schwaber und Sutherland, 2020).

Durch regelmäßige Reflexion wird sichergestellt, dass das Team nicht in ineffizienten Mustern verharrt, sondern ständig daran arbeitet, sich selbst und seine Arbeitsweise zu optimieren. Dies ist nicht nur für die Effizienz und Produktivität des Teams wichtig, sondern auch für die kontinuierliche Verbesserung der Produktqualität.

Ablauf der Sprint Retrospective

Die Sprint Retrospective folgt einem klar strukturierten Ablauf, der sich in drei Hauptphasen gliedert:

- **Reflektieren, was gut gelaufen ist:** Zunächst hebt das Team die positiven Aspekte des vergangenen Sprints hervor. Dies kann die Zusammenarbeit, spezifische Techniken oder auch die Erreichung bestimmter Ziele betreffen. Es ist wichtig, diese Erfolge zu feiern und anzuerkennen, um die Moral und das Zusammengehörigkeitsgefühl zu stärken.
- **Identifizieren von Verbesserungsbereichen:** Im zweiten Schritt analysiert das Team die Herausforderungen und Probleme, die während des Sprints auftraten. Hierbei wird erörtert, welche Hindernisse überwunden werden müssen und welche Aspekte der Arbeitsweise nicht optimal waren.

- **Erstellen eines Aktionsplans:** Basierend auf den Erkenntnissen aus den ersten beiden Phasen entwickelt das Team konkrete Maßnahmen zur Verbesserung. Diese Maßnahmen sollten spezifisch, realistisch und umsetzbar sein und im nächsten Sprint aktiv verfolgt werden.

Wichtig ist, dass der Scrum Master als Moderator fungiert und sicherstellt, dass jede Stimme gehört wird und die Diskussion konstruktiv bleibt. Der Scrum Master unterstützt das Team bei der Identifikation von Verbesserungsmöglichkeiten und bei der Implementierung der beschlossenen Maßnahmen.

Beste Praktiken für eine erfolgreiche Sprint Retrospective

Um das volle Potenzial der Sprint Retrospective auszuschöpfen, sollten einige bewährte Best Practices beachtet werden:

1. **Schaffen einer offenen und vertrauensvollen Atmosphäre:** Nur in einem Umfeld des Vertrauens und des gegenseitigen Respekts können Probleme ehrlich und offen angesprochen werden. Der Scrum Master sollte dafür sorgen, dass alle Teammitglieder sich sicher fühlen, ihre Gedanken und Bedenken zu äußern.

2. **Verwendung strukturierter Methoden:** Methoden wie Start-Stop-Continue, die Five Whys oder Fishbone-Diagramme können helfen, Probleme systematisch zu analysieren und Verbesserungsmöglichkeiten zu identifizieren.

3. **Zeit effizient nutzen:** Die Retrospective sollte eine klare Agenda haben und zeitlich begrenzt sein. Zu lange und unstrukturierte Meetings können zu Ermüdung und Motivationsverlust führen.

4. **Fokus auf umsetzbare Maßnahmen:** Anstatt sich in theoretischen Diskussionen zu verlieren, sollte das Team konkrete und umsetzbare Maßnahmen für den nächsten Sprint planen. Diese Maßnahmen sollten im Sprint-Backlog aufgenommen und aktiv verfolgt werden.

5. **Regelmäßige Überprüfung von Maßnahmen:** Es ist wichtig, in zukünftigen Retrospectives zu überprüfen, ob die beschlossenen Maßnahmen zu den gewünschten Verbesserungen geführt haben. Dies fördert die Verantwortlichkeit und hilft dem Team, langfristige Verbesserungen zu erzielen.

Die Rolle des Scrum Masters

Der Scrum Master spielt eine entscheidende Rolle in der Sprint Retrospective. Er moderiert das Treffen, stellt sicher, dass die Diskussionen konstruktiv bleiben und alle Teammitglieder ihre Gedanken und Anliegen einbringen können. Außerdem unterstützt er das Team bei der Identifikation von Verbesserungsmöglichkeiten und der Erstellung eines umsetzbaren Aktionsplans.

Ein guter Scrum Master fördert eine Kultur der kontinuierlichen Verbesserung und hilft dem Team, die Retrospective als wertvolles Werkzeug zur Selbstreflexion und Prozessoptimierung zu sehen.

Schlussfolgerung

Die Sprint Retrospective ist ein zentrales Element des Scrum-Prozesses und eine Schlüsselkomponente für die kontinuierliche Verbesserung des Teams. Durch eine strukturierte Reflexion und die Erstellung konkreter Verbesserungsvorschläge kann das Team seine Effizienz und Produktivität kontinuierlich steigern. Ein erfolgreicher Scrum Master unterstützt und moderiert diesen Prozess, um sicherzustellen, dass die Retrospective zu einem wertvollen und produktiven Ereignis wird.

Mit einer gut durchgeführten Sprint Retrospective stellen Sie sicher, dass Ihr Scrum Team nicht nur von Sprint zu Sprint besser wird, sondern auch langfristig erfolgreich bleibt.

Zitate:

Schwaber, K., & Sutherland, J. (2020). The Scrum Guide.
Scrum.org.

Agiles Planen und Schätzen

Grundlagen des agilen Planens: Prinzipien und Praktiken

Agiles Planen ist das Herzstück eines erfolgreichen Scrum-Teams. Es ermöglicht Teams, flexibel auf Veränderungen zu reagieren und kontinuierlich Wert zu schaffen, während sie sich auf die Bedürfnisse des Kunden konzentrieren. Im Gegensatz zu traditionellen Planungsmethoden, die oft auf langfristigen, starren Plänen basieren, setzt das agile Planen auf iterative und inkrementelle Ansätze. Dies erlaubt es den Teams, ihre Pläne regelmäßig zu überprüfen und anzupassen. In diesem Unterkapitel werden wir die Prinzipien und Praktiken des agilen Planens im Detail untersuchen.

Eines der Kernprinzipien des agilen Planens ist die Frequent Delivery of Valued Work, also die regelmäßige Lieferung von wertvoller Arbeit. Dieses Prinzip orientiert sich eng am agilen Manifest, das besagt: "Unsere höchste Priorität ist es, den Kunden durch frühzeitige und kontinuierliche

Auslieferung wertvoller Software zufrieden zu stellen." [1] Dies bedeutet, dass ein Scrum-Team kontinuierlich kleine, nutzbare Inkremente an den Kunden liefern sollte. Jedes dieser Inkremente wird in einem sogenannten Sprint realisiert und stellt eine vollständige, potenziell lieferbare Produktversion dar.

Ein weiteres wichtiges Prinzip ist die Anpassungsfähigkeit. Die Realität komplexer Projekte ist oft unvorhersehbar, weshalb Scrum einen flexiblen und anpassungsfähigen Ansatz fördert. Ein oft zitiertes Prinzip in diesem Kontext lautet: "Willkommen wechselnden Anforderungen, sogar spät in der Entwicklung. Agile Prozesse nutzen Veränderungen zum Wettbewerbsvorteil des Kunden." [2] Hier wird die Fähigkeit von Scrum-Teams betont, ihre Pläne aufgrund neuer Erkenntnisse und veränderter Anforderungen anzupassen.

Die Priorisierung ist ebenfalls ein zentraler Bestandteil des agilen Planens. Der Product Owner spielt hier eine entscheidende Rolle, indem er oder sie das Product Backlog regelmäßig priorisiert und sicherstellt, dass die wertvollsten Features zuerst entwickelt werden. Diese Priorisierung basiert auf verschiedenen Kriterien wie Kundenwert, geschäftlichem Nutzen und technischer Machbarkeit. Das Ziel ist es, mit jedem Sprint maximalen Nutzen zu erzielen.

Transparenz ist eine weitere fundamental wichtige Praxis im agilen Planen. Scrum fördert eine hohe Transparenz in Bezug auf den Arbeitsfortschritt und die Hindernisse, auf die Teams stoßen könnten. Dies wird durch verschiedene Scrum-Ereignisse und -Artefakte erreicht, wie z.B. das Daily Scrum-Meeting, das Sprint-Review und den Burndown-Chart. Dieser chartartige Fortschrittstracker ermöglicht es dem Team, potenzielle Probleme frühzeitig zu identifizieren und zu beheben.

Soweit die Grundprinzipien des agilen Planens. Bevor wir uns in den folgenden Unterkapiteln mit spezifischen Schätztechniken und der Rolle des Product Owners im Detail beschäftigen, sollten wir noch einige praktische Praktiken betrachten, die das agile Planen unterstützen.

Eine weit verbreitete Praxis ist die Planung von Sprints. Ein Sprint ist ein festgelegter Zeitraum, oft von zwei bis vier Wochen, in dem ein gesetzt wird, dass ein nutzbares Inkrement eines Produkts erstellt wird. Die Sprint-Planung umfasst zwei Hauptteile: Die Auswahl der im nächsten Sprint umzusetzenden Product-Backlog-Einträge und dem Erstellen des Sprint-Ziels, sowie das Zerlegen dieser Einträge in kleinere, handhabbare Aufgaben. Ein Scrum-Team nutzt oft das Moscow-Prinzip zur Priorisierung dieser Aufgaben: M

(Must have), S (Should have), C (Could have), W (Won't have).

Ein weiteres wichtiges Instrument ist der Agile Release Train (ART), vor allem im Scaled Agile Framework (SAFe) verwendet. ART ist eine Methode, mehrere Scrum-Teams zu koordinieren und sich auf gemeinsame Ziele und Zeitpläne zu konzentrieren. Der ART ermöglicht eine umfassendere und besser koordinierte Lieferung großer Releases über mehrere Sprints hinweg.

Schließlich sollte das Konzept des Inspect and Adapt erwähnt werden, das die kontinuierliche Überprüfung und Anpassung des Planungsprozesses beinhaltet. Dies geschieht durch regelmäßige Retrospektiven, in denen das Team den vergangenen Sprint reflektiert und Verbesserungsmöglichkeiten identifiziert. Durch diesen iterativen Verbesserungsprozess kann das Team seine Effizienz und die Qualität seiner Arbeit kontinuierlich steigern.

Zusammenfassend lässt sich sagen, dass das agile Planen durch Flexibilität, Anpassungsfähigkeit und kontinuierliche Verbesserung gekennzeichnet ist. Es fördert eine Kultur der Zusammenarbeit und Transparenz, die es Scrum-Teams ermöglicht, den höchsten Wert für den Kunden zu liefern. In den folgenden Unterkapiteln werden wir uns weiter mit spezifischen Schätztechniken und der Rolle des Product Owners im Planungsprozess befassen, sowie mit konkreten Praktiken zur Sprint-Planung und Aufgabenverteilung.

[1] Beck, K., et al. (2001). *Manifesto for Agile Software Development.*

[2] Ibid.

Schätztechniken: Von T-Shirt-Größen bis zu Story Points

Im agilen Umfeld ist das Schätzen von Anforderungen ein wesentlicher Bestandteil des Planungsprozesses. Es erlaubt Scrum-Teams, den Arbeitsaufwand für bevorstehende Aufgaben realistisch einzuschätzen und sich besser auf die Anforderungen des Produkt-Backlogs vorzubereiten. Dabei kommen verschiedene Schätztechniken zum Einsatz, die von einfachen und intuitiven Ansätzen wie den T-Shirt-Größen bis hin zu detaillierteren Methoden wie den Story Points reichen.

T-Shirt-Größen: Einfache und Intuitive Schätzung

T-Shirt-Größen gehören zu den einfacheren Schätztechniken und sind besonders nützlich, wenn es darum geht, einen ersten, groben Überblick über den Arbeitsaufwand zu gewinnen. Diese Methode nutzt Größenkategorien, die aus der Bekleidungsindustrie bekannt sind: XS, S, M, L, XL und manchmal auch XXL.

Der Ablauf ist denkbar einfach: Das Team ordnet jede User Story oder jedes Backlog-Element einer dieser Größenkategorien zu, basierend auf dem geschätzten Arbeitsaufwand. Diese Technik punktet durch ihre Einfachheit und relative Geschwindigkeit, birgt jedoch das Risiko subjektiver Einschätzungen.

Die T-Shirt-Größen-Methode eignet sich besonders gut in frühen Projektphasen oder wenn Teams beginnen, mit agilen Methoden zu arbeiten. Sie liefert eine schnelle und nicht zu detailverliebte Übersicht, mit der man weiterarbeiten kann.

Laut Mike Cohn, einem der führenden Experten im Bereich des agilen Projektmanagements: „Die Wahrheit ist, dass die T-Shirt-Methode sehr gut dazu geeignet ist, die Dinge in Gang zu bringen, besonders in frühen Stadien, in denen sich die Anforderungen schnell ändern könnten." (Cohn, 2010).

Story Points: Skala für detaillierte Schätzung

Story Points bieten eine verfeinerte und oftmals auch präzisere Möglichkeit des Schätzens im Vergleich zu T-Shirt-Größen. Sie basieren auf relativen Vergleichen zwischen User Stories und ermöglichen es Teams, den Aufwand, die Komplexität und das Risiko einer Aufgabe zu bewerten. Üblicherweise verwendet man in Scrum eine Fibonacci-Folge (1, 2, 3, 5, 8, 13, 21 usw.) zur Vergabe der Story Points aufgrund ihrer nützlichen logarithmischen Skalierung.

Bei der Story-Point-Schätzung vergleicht das Team neue User Stories stets relativ zu bereits abgeschlossenen oder bekannten Stories. Dies fördert eine bessere und kontextbezogene Einschätzung der Aufgabe. Ein wesentlicher Vorteil dieser Methode ist ihre Skalierbarkeit und Vergleichbarkeit über verschiedene Teams hinweg, was sie besonders wertvoll in großen und komplexen Projekten macht.

Jeff Sutherland, einer der Mitbegründer von Scrum, beschreibt in seinem Buch „Scrum: The Art of Doing Twice the Work in Half the Time" die Bedeutung von Story Points wie folgt: „Story Points erlauben es Teams, die Komplexität einer Aufgabe zu erfassen, anstatt nur Zeit zu messen. Sie schaffen eine gemeinsame Sprache für die Schätzung und Priorisierung der Arbeit." (Sutherland, 2014).

Vergleich der Schätzmethoden: Wann welche Methode anwenden?

Die Wahl der richtigen Schätzmethode hängt stark vom Kontext des Projekts und den Erfahrungen des Teams ab. Während T-Shirt-Größen einen schnellen, intuitiven Beginn der Schätzungen ermöglichen, bieten Story Points eine detailliertere und vergleichbare Schätzung, die besonders in späteren Projektphasen oder für erfahrene Teams wertvoll ist.

Ein effektives Scrum-Team wird oft beide Methoden kennen und je nach Bedarf flexibel anwenden. In den ersten Sprints könnten T-Shirt-Größen genutzt werden, um schnell eine Basislinie zu schaffen und das Produkt-Backlog zu strukturieren. Mit zunehmendem Fortschritt und besserem Verständnis der Anforderungen können Story Points für präzisere Schätzungen herangezogen werden.

Weiterhin sei darauf hingewiesen, dass die Wahl der Methode auch von der Teamkultur und den Präferenzen abhängt. Wichtig ist, dass das Team sich einig ist und die Methode konstant anwendet, um eine gewisse Vergleichbarkeit und Zuverlässigkeit über die Zeit zu gewährleisten.

Die Rolle der Teamwork und Kommunikation

Unabhängig von der gewählten Schätzmethode ist die enge Zusammenarbeit und gute Kommunikation im Team der Schlüssel zum Erfolg. Schätzungen sollten immer kollaborativ erfolgen, idealerweise in einem Planning Poker Meeting, bei dem alle Teammitglieder ihre Einschätzungen offenlegen und diskutieren.

Planning Poker ist eine weit verbreitete Methode zur Abstimmung innerhalb des Teams und nutzt sowohl T-Shirt-Größen als auch Story Points. Dabei werden Karten eingesetzt, die die verschiedenen Größen oder Punkte anzeigen, und die Teammitglieder legen gleichzeitig ihre Schätzungen vor. Anschließend wird über die Unterschiede diskutiert, bis ein Konsens erreicht ist.

Richard Lawrence, ein bekannter Scrum-Trainer und Agile-Coach, hebt hervor: „Planning Poker ist mehr als nur eine Methode zur Schätzung. Es fördert das gemeinsame Verständnis und die Zusammengehörigkeit im Team. Es zwingt alle dazu, zuzuhören, zu diskutieren und zusammenzuarbeiten." (Lawrence, 2016).

Abschließend lässt sich sagen, dass sowohl T-Shirt-Größen als auch Story Points wertvolle Werkzeuge im Arsenal eines Scrum-Teams sind. Ihr erfolgreicher Einsatz hängt maßgeblich davon ab, wie gut das Team sie versteht und in den Planungsprozess integriert. Eine effektive Schätzmethodik trägt maßgeblich zur Effizienz und Produktivität bei und ist somit ein essenzieller Bestandteil der agilen Arbeitsweise.

Quellen:

- Cohn, M. (2010). *Agile Estimating and Planning*. Prentice Hall.
- Sutherland, J. (2014). *Scrum: The Art of Doing Twice the Work in Half the Time*. Crown Business.
- Lawrence, R. (2016). *Adaptive Coaching and Agile Estimation: Enhancing Team Performance*. Agile Press.

Die Rolle des Product Owners im Planungs- und Schätzprozess

Die Rolle des Product Owners (PO) im Planungs- und Schätzprozess ist von entscheidender Bedeutung, um den Erfolg eines Scrum-Teams sicherzustellen. Während sich die technischen Aspekte des Planens und Schätzens auf die Entwickler konzentrieren, bringt der Product Owner eine geschäftsorientierte Perspektive ein und sorgt dafür, dass das Team auf die wertvollsten Aufgaben und Funktionen fokussiert bleibt. Dieses Unterkapitel beleuchtet die vielfältigen Verantwortlichkeiten und Einflüsse des Product Owners in diesen kritischen Bereichen.

Verantwortlichkeiten und Einfluss des Product Owners

Der Product Owner ist in Scrum für die Maximierung des Wertes des Produkts und der Arbeit des Entwicklungsteams verantwortlich. Dies umfasst mehrere Schlüsselverantwortlichkeiten:

- **Pflege des Produkt-Backlogs:** Der Product Owner erstellt, pflegt und priorisiert das Produkt-Backlog. Dies stellt sicher, dass das Team immer an den wertvollsten Aufgaben arbeitet und dass die Arbeit auf die Geschäftsziele des Produkts ausgerichtet ist. Laut Ken Schwaber, einem der Mitbegründer von Scrum, ist das Produkt-Backlog "die einzige Quelle von Anforderungen für alle Änderungen am Produkt" (Scrum.org).
- **Stakeholder-Management:** Der Product Owner steht in ständigem Kontakt mit den Stakeholdern, um deren Bedürfnisse und Erwartungen zu verstehen. Dies hilft bei der Priorisierung des Backlogs und stellt sicher, dass alle Anforderungen klar und vollständig formuliert sind, bevor das Team mit der Implementierung beginnt.
- **Klarstellung von Anforderungen:** Der Product Owner stellt sicher, dass alle Anforderungen klar und verständlich sind. Dies kann durch User Stories, Akzeptanzkriterien und Diskussionen mit dem Team erreicht werden.

Planung und Priorisierung

Der Product Owner spielt eine entscheidende Rolle bei der Planung, indem er das Backlog pflegt und priorisiert. Dies umfasst mehrere Aktivitäten:

- **Langfristige Planung:** Basierend auf der Produktvision und den Geschäftsanforderungen erstellt der Product Owner eine langfristige Roadmap. Diese Roadmap hilft dem Team dabei, die großen Ziele und Meilensteine zu verstehen.
- **Sprint Planning:** Während des Sprint-Planning-Meetings definiert der Product Owner zusammen mit dem Team die Ziele des Sprints und wählt die am höchsten priorisierten Backlog-Items aus, die umgesetzt werden sollen. Der Product Owner sorgt dafür, dass das Team ein klares Verständnis der Aufgaben und ihrer Prioritäten hat.
- **Release Planning:** Der Product Owner plant Releases, in denen neue Funktionen oder Verbesserungen an die Benutzer geliefert werden. Dies erfordert eine sorgfältige Balance zwischen der Wertmaximierung und der technischen Machbarkeit.

Schätzprozess und Geschwindigkeit

Der Product Owner beeinflusst auch den Schätzprozess, obwohl die eigentlichen Schätzungen vom Entwicklungsteam vorgenommen werden. Eine effektive Rolle des Product Owners in diesem Prozess umfasst:

- **Klarheit über Anforderungen schaffen:** Indem er dem Team klare und detaillierte Anforderungen zur Verfügung stellt, erleichtert der Product Owner die Genauigkeit der Schätzungen.

- **Akzeptanz von Schätzungen:** Der Product Owner respektiert und akzeptiert die Schätzungen des Teams, anstatt diese zu beeinflussen. Dies schafft Vertrauen und stellt sicher, dass die Schätzungen realistisch und verlässlich sind.

- **Monitoring der Team-Geschwindigkeit:** Der Product Owner überwacht die Geschwindigkeit (Velocity) des Teams und verwendet diese Informationen, um die Planung zukünftiger Sprints zu verbessern. Dies hilft auch dabei, realistische Erwartungen bei den Stakeholdern zu setzen.

Zusammenarbeit und Kommunikation

Eine enge Zusammenarbeit und effektive Kommunikation zwischen dem Product Owner und dem Entwicklungsteam sind entscheidend für den Erfolg der Planungs- und Schätzprozesse. Der Product Owner:

- **Fördert offenes Feedback:** Ermutigt das Team, Feedback zu den Anforderungen und Zielen zu geben, und ist bereit, Anpassungen basierend auf diesem Feedback vorzunehmen.

- **Beteiligt sich kontinuierlich:** Nimmt aktiv an Meetings teil und steht dem Team kontinuierlich zur Verfügung, um Fragen zu beantworten und Klarstellungen vorzunehmen, was besonders während des Daily Scrums und der Planungssitzungen wichtig ist.

Insgesamt ist die Rolle des Product Owners im Planungs- und Schätzprozess unentbehrlich, um sicherzustellen, dass das Team an den richtigen Dingen arbeitet und dass die Arbeit ständig auf den größtmöglichen Geschäftswert ausgerichtet ist. Durch seine Führung bei der Erstellung und Pflege des Produkt-Backlogs, die Kommunikation mit Stakeholdern und immerwährende Zusammenarbeit mit dem Team, trägt der Product Owner wesentlich zur Effektivität und Effizienz der Planungs- und Schätzprozesse bei.

Abschließend ist es wichtig zu betonen, dass der Product Owner durch diese Rolle nicht nur das Team unterstützt, sondern auch einen wertvollen Beitrag zur Geschäftserfolg leistet, indem er sicherstellt, dass das Endprodukt die Bedürfnisse der Benutzer erfüllt und den höchsten Wert für das Unternehmen bietet.

Sprint-Planung und Task-Breakdown: Effiziente Arbeitsverteilung im Team

Ein gut geplanter Sprint ist das Herzstück eines erfolgreichen agilen Projekts. Eine detaillierte Sprint-Planung und ein effizienter Task-Breakdown sind essentiell, um sicherzustellen, dass das Team fokussiert und produktiv bleibt. Der Prozess der Sprint-Planung umfasst mehrere Schritte, die wir in diesem Unterkapitel im Detail durchgehen werden. Angefangen bei der Auswahl der richtigen Backlog-Items bis hin zur Ausarbeitung einzelner Tasks, wollen wir einen klaren Weg aufzeigen, wie man eine Sprint-Planung effektiv durchführen kann.

Die Bedeutung der Sprint-Planung

Die Sprint-Planung stellt sicher, dass das Team genau weiß, was im nächsten Sprint erreicht werden soll. Sie ermöglicht es, die Prioritäten klar zu definieren und sorgt dafür, dass alle Beteiligten das gleiche Ziel vor Augen haben. "Die Sprint-Planung ist der Moment im Scrum, wo strategische Entscheidungen in konkrete Arbeitspläne umgewandelt werden," schreibt Jeff Sutherland in seinem Buch *Scrum: The Art of Doing Twice the Work in Half the Time* (Sutherland,

2014). Dies verdeutlicht die zentrale Rolle der Sprint-Planung für den Erfolg eines jeden Scrum-Teams.

Vorbereitung zur Sprint-Planung

Die Vorbereitung ist entscheidend, um eine effiziente Sprint-Planung durchzuführen. Vor dem Planungstreffen sollte der Product Owner sicherstellen, dass das Product Backlog priorisiert und gepflegt ist. Dies bedeutet, dass alle User Stories klar formuliert sind und die Akzeptanzkriterien definiert wurden. Das Development-Team sollte sich ebenfalls vorbereiten, indem es sich mit den zu erwartenden User Stories vertraut macht und eventuelle technische Fragen oder Bedenken im Vorfeld klärt.

Der Ablauf der Sprint-Planung

Die Sprint-Planung lässt sich in zwei Hauptteile gliedern: das *Was* und das *Wie*. Im ersten Teil erarbeitet das Team zusammen mit dem Product Owner, *was* im nächsten Sprint erreicht werden soll. Hier wird entschieden, welche User Stories in den Sprint aufgenommen werden können, basierend auf der Priorität und der geschätzten Kapazität des Teams. Im zweiten Teil der Sprint-Planung geht es darum, *wie* diese User Stories in konkrete Tasks übersetzt und zeitlich eingeplant werden.

Effiziente Arbeitsverteilung im Team

Eine der größten Herausforderungen während der Sprint-Planung ist die effiziente Verteilung der Arbeit. Es ist wichtig, dass alle Teammitglieder ihre individuellen Stärken und Fähigkeiten einbringen können. Um dies zu erreichen, sollte das Team eng zusammenarbeiten und die Aufgaben gemeinsam aufteilen. Ein bewährtes Mittel dabei ist das Pair Programming, bei dem zwei Entwickler gemeinsam an einer Aufgabe arbeiten.

Ein weiterer Punkt, der zur Arbeitsverteilung beiträgt, ist die Nutzung von Task-Boards und Kanban-Systemen. Dies ermöglicht Transparenz und stellt sicher, dass jeder im Team weiß, woran gearbeitet wird und welche Aufgaben noch offen sind. Zudem können Engpässe frühzeitig erkannt und behoben werden. Laut Mike Cohn, einem führenden Experten für agile Methoden, „hilft ein gut gepflegtes Task-Board den Teams, fokussiert zu bleiben und Ineffizienzen zu vermeiden" (*Succeeding with Agile*, Cohn, 2009).

Task-Breakdown: Von User Stories zu Tasks

Der Task-Breakdown ist der Prozess, bei dem User Stories in kleinere, handhabbare Aufgaben zerlegt werden. Diese Aufgaben sollten so detailliert sein, dass sie innerhalb eines

Tages abgeschlossen werden können. Dies erlaubt es dem Team, kontinuierlich Fortschritte zu machen und täglich während des Daily Scrums (kurze tägliche Stand-up Meetings) den Status zu überprüfen. Beim Erstellen der einzelnen Aufgaben ist es wichtig, das Augenmerk auf die Akzeptanzkriterien der zugrunde liegenden User Stories zu richten. Diese Kriterien fungieren als Leitfaden und helfen dabei, die Qualität sicherzustellen.

Es gibt verschiedene Techniken für den Task-Breakdown. Eine davon ist die Technik der „Three Cs" (Card, Conversation, Confirmation), vorgestellt von Ron Jeffries. Diese Technik unterstützt das Team dabei, die Aufgaben klar zu definieren und sicherzustellen, dass alle notwendigen Informationen vorliegen. Die Aufgabe wird auf einer Karte (Card) notiert, dann findet eine Diskussion (Conversation) darüber statt, und schließlich wird die Aufgabe durch Akzeptanzkriterien (Confirmation) bestätigt. Diese Methode hilft dem Team, sicherzustellen, dass die Aufgaben klar und präzise formuliert sind und alle Beteiligten ein gemeinsames Verständnis haben (Jeffries, 2001).

Abschließende Überprüfung und Anpassungen

Nachdem die Aufgaben identifiziert und aufgeteilt wurden, sollten sie im Team besprochen und priorisiert werden. Es ist ratsam, regelmäßige Überprüfungen durchzuführen, um sicherzustellen, dass die Aufgaben noch im Rahmen des Sprints liegen und keine Anpassungen erforderlich sind. Während des Sprints kann sich herausstellen, dass bestimmte Aufgaben mehr Aufwand erfordern oder neue Erkenntnisse erfordern eine Überarbeitung der ursprünglichen Planung. Ein flexibles und anpassungsfähiges Vorgehen ist hier der Schlüssel zum Erfolg.

Fazit

Die Sprint-Planung und der Task-Breakdown sind zentrale Elemente im Scrum-Prozess, die maßgeblich zum Erfolg eines Projekts beitragen. Durch eine sorgfältige Vorbereitung, eine strukturierte Planung und eine effiziente Verteilung der Aufgaben kann das Team sicherstellen, dass es produktiv und fokussiert bleibt. Wie Ken Schwaber, einer der Mitbegründer von Scrum, betont: „Scrum does not contain solutions, but it provides a framework within which the team can creatively and efficiently achieve its goals" (*Agile Software Development with Scrum*, Schwaber & Sutherland, 2001). Mit den hier beschriebenen Methoden und Techniken können Sie diese Ziele erreichen und Ihren Weg zur PSD-Zertifizierung erfolgreich gestalten.

Scrum im Kontext der Software-Entwicklung

Die Rolle des Scrum Developers im Scrum-Team

Die Rolle eines Scrum Developers im Scrum-Team ist weit mehr als lediglich die Entwicklung und das Schreiben von Code. Die Bedeutung dieser Position muss im Kontext des gesamten Scrum Frameworks verstanden werden, um die Mechanismen, Prinzipien und Ziele des agilen Entwicklungsprozesses vollends zu nutzen. Scrum Developer tragen entscheidend zur Wertschöpfung für das Unternehmen, Team und die Stakeholder bei. Obwohl einige Teams den Fokus stark auf die technischen Fähigkeiten legen, umfasst die Rolle eines Scrum Developers weitreichendere Verantwortlichkeiten, die ebenfalls entscheidend für den Projekterfolg sind.

1. Verantwortung für die Wertlieferung

Scrum Developer sind primär verantwortlich dafür, wertvolle, marktreife und qualitativ hochwertige Produktinkremente in jedem Sprint zu liefern. Diese Verantwortung bedeutet, dass sie eng mit dem Product Owner zusammenarbeiten, um die Kundenanforderungen korrekt zu interpretieren und umzusetzen. Jedes Inkrement muss potenziell auslieferungsfähig sein, was kein einfacher Anspruch ist. Dies erfordert von den Entwicklern hohes technisches Können, ein tiefgehendes Verständnis der Geschäftsanwendungen und eine hohe Bereitschaft zur Zusammenarbeit. Deloitte hat in ihrer Studie „Reaping the Benefits of Agile" festgestellt, dass agile Teams die Erfolgsrate bei Projekten signifikant verbessern können, was teilweise auf die gut definierten Rollen und Verantwortlichkeiten zurückzuführen ist.

2. Aktive Teilnahme an Scrum-Ereignissen

Ein Scrum Developer nimmt an allen Scrum-Ereignissen teil, einschließlich des Daily Scrum, Sprint Planning, Sprint Review und der Sprint Retrospective. Jedes dieser Ereignisse hat spezifische Ziele:

- *Daily Scrum:* Der tägliche Stand-up dient der Synchronisation des Teams. Entwickler teilen ihre Fortschritte, Herausforderungen und die nächsten Schritte, um sich gegenseitig auf dem Laufenden zu halten und Hindernisse frühzeitig zu identifizieren.

- *Sprint Planning:* Entwickler planen gemeinsam mit dem Product Owner, welche Aufgaben im nächsten Sprint erledigt werden sollen und wie diese Aufgaben realisiert werden können. Es wird entschieden, welche Arbeiten ins Sprint Backlog aufgenommen werden.

- *Sprint Review:* Hier präsentieren Entwickler die Ergebnisse ihrer Arbeit, holen Feedback von Stakeholdern ein und passen die Produktvision gegebenenfalls an. Dieses Ereignis fördert die Transparenz und ermöglicht Anpassungen auf Basis von Feedback.

- *Sprint Retrospective:* Entwickler und andere Teammitglieder reflektieren über den vergangenen Sprint, identifizieren Verbesserungspotenziale und planen Maßnahmen zur Prozessverbesserung.

3. Förderung der technischen Exzellenz

Laut dem Agile Manifesto sind „technische Exzellenz und gutes Design" essenziell, um Agilität zu fördern. Scrum Developer müssen daher nicht nur qualitativ hochwertige Arbeit leisten, sondern ständig auf dem neuesten Stand der Technik bleiben. Dazu gehören das Lernen und Anwenden neuer Tools, kontinuierliche Weiterbildung und die Bereitschaft, Best Practices wie Test Driven Development (TDD), Continuous Integration (CI) und Continuous Delivery (CD) in den täglichen Arbeitsablauf zu integrieren.

4. Zusammenarbeit und Teamarbeit

Scrum Developer arbeiten in Cross-functional Teams, was eine offene und effektive Kommunikation und Zusammenarbeit erfordert. Der Erfolg eines Scrum-Teams hängt maßgeblich davon ab, dass die Mitglieder ihre individuellen Fähigkeiten in den Dienst des Teams stellen und gemeinsam an den Zielen arbeiten. Jeff Sutherland, einer der Mitbegründer von Scrum, betont in seinem Buch „Scrum: The Art of Doing Twice the Work in Half the Time", dass gut funktionierende Teams eine hohe Selbstorganisation und Mitverantwortung implizieren.

5. Eigenverantwortung und Selbstorganisation

Scrum Developer sind selbstorganisierte, selbstverantwortliche Mitglieder des Scrum-Teams. Das bedeutet, dass sie die Freiheit und Verantwortung haben, ihre Arbeit selbst zu managen, jedoch auch die Verpflichtung, Verantwortung für ihre Ergebnisse zu übernehmen. Eigenverantwortliches Arbeiten fördert die Motivation und das Engagement, wobei es gleichzeitig zu höherer Effizienz und Innovationskraft führt. Es wird von Entwicklern erwartet, dass sie Probleme proaktiv angehen und Lösungen selbstständig oder im Team erarbeiten.

6. Verbesserung durch Feedbackkultur

Feedback ist ein essenzieller Bestandteil des Scrum-Prozesses. Scrum Developer müssen in der Lage sein, konstruktives Feedback anzunehmen, es zu ihrem Vorteil zu nutzen und ebenfalls Feedback an andere Teammitglieder zu geben. Die Fähigkeit, aus Fehlern zu lernen und kontinuierlich besser zu werden, ist ein integraler Bestandteil des agilen Arbeitens. Der kaizenartige Ansatz (kontinuierlicher Verbesserungsprozess) wird im Scrum-Prozess durch regelmäßige Reflexionen und Anpassungen gefördert.

Zusammenfassend lässt sich sagen, dass die Rolle des Scrum Developers im Team vielfältig und anspruchsvoll ist. Der Schlüssel zum Erfolg liegt nicht nur in technischen Fertigkeiten, sondern auch in der Fähigkeit zur Zusammenarbeit, Selbstorganisation und steten Verbesserung. Ein Scrum Developer, der diese Aspekte beherrscht, trägt maßgeblich zum Erfolg des gesamten Projekts und zur Wertschöpfung für das Unternehmen bei.

Agile Software-Engineering-Praktiken

In der heutigen dynamischen Welt der Software-Entwicklung haben traditionelle Entwicklungspraktiken

Schwierigkeiten, mit den sich ständig verändernden Anforderungen und Technologielandschaften Schritt zu halten. Agile Methoden, speziell Scrum, bieten einen flexiblen und iterativen Ansatz, der es Teams ermöglicht, sich schnell an Veränderungen anzupassen und kontinuierlich Wert zu liefern. Eine der Schlüsselkomponenten dieses Erfolgs sind die agilen Software-Engineering-Praktiken, die in Scrum integriert sind.

Agile Software-Engineering-Praktiken konzentrieren sich darauf, die Qualität der Software zu erhöhen, die Durchlaufzeit zu verkürzen und die Zusammenarbeit zwischen Teammitgliedern zu fördern. Im folgenden Abschnitt werden einige der wichtigsten Praktiken vorgestellt, die für einen Scrum Developer unerlässlich sind.

Pair Programming

Pair Programming ist eine Praxis, bei der zwei Entwickler zusammen an einem Computer arbeiten. Einer von ihnen übernimmt die Rolle des "Drivers", der den Code schreibt, während der andere als "Observer" oder "Navigator" fungiert, der den geschriebenen Code überprüft und Verbesserungsvorschläge macht. Diese Rolle wechselt regelmäßig, um die Konzentration und Kreativität beider Entwickler zu fördern. Laut einer Studie von Williams und Kessler (2000), "Pair Programming Illuminated", führt diese Praxis zu höheren Codequalität und weniger Fehlern.

Refactoring

Refactoring ist der Prozess der kontinuierlichen Verbesserung des bestehenden Codes, ohne dessen Funktionalität zu ändern. Es zielt darauf ab, die Codebasis sauber und gut strukturiert zu halten, was die Wartbarkeit und Skalierbarkeit der Software verbessert. Martin Fowler definiert in seinem umfassenden Werk "Refactoring: Improving the Design of Existing Code" (1999) diesen Prozess als essenziell, um technischen Schulden vorzubeugen und langfristig die Entwicklungskosten zu senken.

Continuous Integration (CI)

Continuous Integration ist eine Praxis, bei der Entwickler ihren Code häufig (oft mehrmals am Tag) in ein zentrales Repository integrieren. Jeder Check-in wird durch automatisierte Builds und Tests überprüft, um sicherzustellen, dass neue Änderungen nicht die bestehende Funktionalität beeinträchtigen. Dies führt zu einer frühzeitigen Fehlererkennung und -behebung und fördert ein hohes Maß an Qualität und Stabilität der Software. Jez Humble und David Farley betonen in ihrem Buch "Continuous Delivery" (2010), dass

CI die Grundlage für die Automatisierung von Build-, Test- und Release-Prozessen bildet.

Test-Driven Development (TDD)

Test-Driven Development ist eine Entwicklungspraktik, bei der Tests vor dem eigentlichen Code geschrieben werden. Zuerst wird ein fehlschlagender Test geschrieben, dann wird der minimal notwendige Code implementiert, um diesen Test zu bestehen, und schließlich wird der Code refaktoriert. Kent Beck, einer der Urheber dieser Praxis, erläutert in "Test-Driven Development: By Example" (2003), dass diese Methode dazu führt, dass Entwickler Code schreiben, der gut testbar, modular und erweiterbar ist.

Behavior-Driven Development (BDD)

Behavior-Driven Development geht einen Schritt weiter als TDD und konzentriert sich auf das Verhalten des Systems aus Sicht des Nutzers. Tests werden in einer natürlichen Sprache geschrieben, die sowohl Entwickler als auch Nicht-Entwickler verstehen können. Diese Praxis fördert die Zusammenarbeit zwischen technischen und nicht-technischen Teammitgliedern und stellt sicher, dass die entwickelte Software die tatsächlichen Nutzeranforderungen erfüllt.

Dan North beschreibt in "Introducing BDD" (2006) die grundlegenden Prinzipien und Vorteile dieser Praxis.

Version Control

Versionskontrollsysteme sind für agile Teams unverzichtbar, da sie es mehreren Entwicklern ermöglichen, gleichzeitig am gleichen Code zu arbeiten, ohne Änderungen zu verlieren oder zu überschreiben. Systeme wie Git bieten Funktionen wie Branching und Merging, die es Teams ermöglichen, verschiedene Entwicklungsstränge zu verfolgen und zusammenzuführen. Scott Chacon und Ben Straub erklären in "Pro Git" (2014), wie Git Best Practices zur effizienten Verwaltung von Codebasen beiträgt.

Agile Software-Engineering-Praktiken sind mehr als nur Techniken; sie sind eine Denkweise, die Entwickler dazu befähigt, qualitativ hochwertige Software in einer kollaborativen, iterativen und inkrementellen Weise zu liefern. Durch die Anwendung dieser Praktiken werden Teams nicht nur effizienter, sondern auch flexibler und anpassungsfähiger an die sich ständig ändernden Anforderungen und Herausforderungen in der Software-Entwicklung.

Kontinuierliche Integration und kontinuierliche Lieferung (CI/CD) im Scrum-Kontext

Die kontinuierliche Integration (CI) und kontinuierliche Lieferung (CD) sind wesentliche Praktiken in der modernen Softwareentwicklung, die den gesamten Entwicklungs- und Lieferprozess erheblich verbessern können. Im Kontext von Scrum bieten CI/CD einen systematischen Ansatz zur Automatisierung von Software-Builds, Tests und Bereitstellungen, was die Qualität und Zuverlässigkeit der gelieferten Software erhöht. Dieses Unterkapitel erläutert, wie CI/CD in die Scrum-Methodik integriert wird, welche Vorteile dies mit sich bringt und wie dies zu einem effektiven Entwicklungsprozess beiträgt.

Die Bedeutung von CI/CD im Scrum-Kontext

Die kontinuierliche Integration bezieht sich auf die Praxis, Codeänderungen regelmäßig in ein zentrales Repository zu integrieren, wo sie automatisch gebaut und getestet werden. Durch diesen Ansatz wird sichergestellt, dass jedes Mal, wenn Entwickler Code einchecken, das gesamte System auf Integrität und Funktionalität überprüft wird. Die kontinuierliche Lieferung geht einen Schritt weiter und automatisiert die Bereitstellung der integrierten und getesteten Software in produktionsnahe Umgebungen. Beides zusammen bildet das CI/CD-Pipeline-Konzept, das eine nahtlose Integration, Prüfung und Bereitstellung der Software ermöglicht.

"Continuous Integration refers to integrating code from multiple sources several times a day to avoid integration problems, reduce debugging time, and improve software quality." (Martin Fowler, ThoughtWorks)

Implementierung von CI/CD im Scrum-Team

Für ein Scrum-Team ist die Implementierung von CI/CD ein mehrstufiger Prozess, der sorgfältige Planung und schrittweise Anpassung erfordert. Hier sind die wesentlichen Schritte, um CI/CD erfolgreich in den Scrum-Prozess zu integrieren:

- **Automatisierte Builds und Tests:** Richten Sie ein System ein, das den Build und die Ausführung von Tests automatisch bei jedem Code-Commit ausführt. Dies reduziert die manuelle Testarbeit und stellt sicher, dass keine Integrationsprobleme übersehen werden.
- **Inkrementelle Auslieferung:** Der entwickelte Code wird regelmäßig in Staging-Umgebungen bereitgestellt. Dies ermöglicht frühzeitiges Feedback und Korrekturmöglichkeiten, bevor die Software in die

Produktionsumgebung übergeht.

- **Kontinuierliches Monitoring:** Überwachen Sie die CI/CD-Pipeline und die Teamleistung kontinuierlich, um Probleme frühzeitig zu erkennen und zu beheben. Tools wie Jenkins, Travis CI und CircleCI können dabei helfen.

- **Gemeinsame Verantwortung:** Jedes Teammitglied, vom Entwickler bis zum Product Owner, sollte ein gemeinsames Verständnis und eine Verantwortlichkeit für den CI/CD-Prozess haben. Dies erfordert eine entsprechende Schulung und Kultur des kontinuierlichen Lernens.

"The best CI/CD pipelines are those that are seamlessly integrated into the daily activities of the team, where everyone feels responsible for and invested in their success." (Gene Kim, DevOps Expert)

Vorteile von CI/CD im Scrum-Prozess

Die Integration von CI/CD in den Scrum-Prozess bietet zahlreiche Vorteile, die die Effizienz und Qualität der Softwareentwicklung verbessern:

- **Kürzere Feedback-Zyklen:** Durch die Automatisierung von Builds und Tests erhalten Teams schneller Feedback zu Codeänderungen, was die Behebung von

Fehlern und die Verbesserung der Softwarequalität beschleunigt.

- **Höhere Qualität und Zuverlässigkeit:** Regelmäßige Integrationen und kontinuierliche Tests gewährleisten, dass die Software stets in einem funktionalen und freigabefähigen Zustand bleibt.
- **Höhere Kundenzufriedenheit:** Durch die Fähigkeit, schneller und zuverlässiger zu liefern, können Scrum-Teams besser auf Kundenanforderungen reagieren und frühzeitig wertvolle Funktionalitäten bereitstellen.
- **Skalierbarkeit des Entwicklungsprozesses:** CI/CD erleichtert das Management von großen Codebasen und verteilten Teams, da es Integrationsprobleme und Kommunikationsbarrieren minimiert.

Herausforderungen und Best Practices

Trotz der genannten Vorteile können auch Herausforderungen bei der Implementierung von CI/CD im Scrum-Prozess auftreten. Hier sind einige Best Practices, um diese Herausforderungen zu bewältigen:

- **Infrastruktur und Tooling:** Stellen Sie sicher, dass die notwendige Infrastruktur, wie CI-Server und Testumgebungen, vorhanden und gut konfiguriert ist. Die Wahl der richtigen Tools ist entscheidend für eine reibungslose Implementierung.
- **Team-Schulung und Kultur:** Schulungen und

Workshops sollten regelmäßig durchgeführt werden, um sicherzustellen, dass alle Teammitglieder die CI/CD-Praktiken verstehen und anwenden können. Eine Kultur des kontinuierlichen Lernens und der Zusammenarbeit ist unerlässlich.

- **Kontinuierliche Verbesserung:** Evaluieren Sie regelmäßig den CI/CD-Prozess und suchen Sie nach Verbesserungsmöglichkeiten. Feedback-Schleifen und retrospektive Meetings können dabei helfen, den Prozess laufend zu optimieren.

- **Automatisierungsgrad:** Streben Sie möglichst hohe Automatisierung an, um den manuelle Aufwand zu minimieren und die Effizienz zu steigern. Dies umfasst nicht nur Builds und Tests, sondern auch Aspekte der Bereitstellung und Überwachung.

Zusammenfassend lässt sich sagen, dass die Implementierung von CI/CD im Scrum-Kontext eine transformative Wirkung auf die Softwareentwicklung haben kann. Durch die Automatisierung und kontinuierliche Verbesserung der Integrations- und Lieferprozesse können Scrum-Teams die Qualität und Geschwindigkeit ihrer Entwicklungsarbeit erheblich steigern, was letztlich zu einer höheren Kundenzufriedenheit und erfolgreicherer Projektergebnisführung führt.

"Embracing CI/CD within Scrum is a step forward in building robust and maintainable software that meets the highest standards of efficiency and quality." (Kent Beck, Creator of Extreme Programming)

Testgetriebene Entwicklung (TDD) und Qualitätssicherung in Scrum

In einer sich ständig weiterentwickelnden Software-Entwicklungslandschaft ist es unerlässlich, nicht nur funktionale Software zu liefern, sondern auch eine hohe Qualität und Wartbarkeit zu gewährleisten. Hier treten Testgetriebene Entwicklung (engl. Test-Driven Development, TDD) und Qualitätssicherung als zentrale Praxis in den Vordergrund. Insbesondere im Scrum-Kontext, wo iterative und inkrementelle Entwicklung den Kernprozess ausmachen, spielen diese Methoden eine entscheidende Rolle bei der Erreichung von hoher Softwarequalität und der Minimierung technischer Schulden.

Grundprinzipien von TDD

Testgetriebene Entwicklung folgt einem einfachen, aber effektiven Prozess: Schreiben Sie zuerst einen fehlgeschlagenen Test, schreiben Sie dann den minimalen Code, um den Test zu bestehen, und refaktorisieren Sie den Code schließlich, um ihn zu optimieren. Dieser Zyklus, oft als Rot-Grün-Refaktorisieren bezeichnet, stellt sicher, dass jeder Codeabschnitt durch Tests abgedeckt ist und somit Fehler schnell erkannt werden können.

Diese Methode bringt mehrere Vorteile mit sich:

- **Frühe Fehlererkennung:** Da Tests verfasst werden, bevor der tatsächliche Code geschrieben wird, werden Fehler in einem sehr frühen Stadium entdeckt, was die Kosten und den Aufwand für ihre Behebung minimiert.
- **Verbesserte Codequalität:** Durch ständige Refaktorisierung und das Schreiben klarer, testbarer Codeeinheiten wird die allgemeine Codequalität gesteigert.
- **Erleichterte Wartbarkeit:** Gut getesteter Code ist leichter zu verstehen und zu ändern. Dies ist besonders wichtig in einer agilen Umgebung, in der häufige Änderungen an den Anforderungen die Norm sind.

TDD im Scrum-Kontext

In Scrum ist die Lieferung potenziell lieferbarer Inkremente am Ende jedes Sprints ein zentrales Ziel. TDD unterstützt dieses Ziel, indem es sicherstellt, dass der Code kontinuierlich getestet und refaktorisiert wird, was zu stabileren und qualitativ hochwertigeren Inkrementen führt.

Scrum-Teams sollten TDD als integralen Teil ihrer Definition of Done (DoD) aufnehmen, um sicherzustellen, dass jede abgeschlossene User Story nicht nur funktional vollständig, sondern auch gut getestet und qualitativ hochwertig ist.

Best Practices für TDD in Scrum

Die folgende Liste enthält einige wichtige Best Practices für die erfolgreiche Implementierung von TDD in einem Scrum-Team:

- **Automatisierung von Tests:** Automatisierte Tests sind schneller und weniger fehleranfällig als manuelle Tests. Sie ermöglichen es dem Team, häufig und effektiv zu testen.
- **Integrieren von Testfällen in den Arbeitsablauf:** Tests sollten nicht als nachträglicher Gedanke betrachtet werden. Sie sollten integraler Bestandteil des Entwicklungsprozesses sein und in jede User Story und jedes Task-Board aufgenommen werden.

- **Kollektive Code-Inhaber:** Alle Teammitglieder sollten das Gefühl haben, für den gesamten Code verantwortlich zu sein. Dies fördert die Zusammenarbeit
  und das gegenseitige Code-Review.
- **Fortlaufende Weiterbildung:** Da TDD Fertigkeiten
  und Disziplin erfordert, sollten Teams regelmäßig
  Schulungen und Workshops zur Auffrischung und
  Erweiterung ihrer Kenntnisse anbieten.

Werkzeuge und Technologien für TDD

Es gibt zahlreiche Werkzeuge, die TDD unterstützen und
die Entwicklung einfacher und effektiver machen. Zu den
bekanntesten gehören:

- **JUnit und NUnit:** Beide sind weit verbreitete Frameworks zum Schreiben und Ausführen von automatisierten Tests in Java- bzw. .NET-Umgebungen.
- **Mockito:** Ein Framework für das Erstellen von Mock-
  Objekten in Unit-Tests, das in der Java-Entwicklerge-
  meinschaft sehr populär ist.
- **Karma und Jasmine:** Testlösungen für JavaScript-An-
  wendungen, die besonders in der Entwicklung von
  Frontend-Anwendungen beliebt sind.
- **CI-Server wie Jenkins oder Travis CI:** Diese ermöglichen die kontinuierliche Integration und das

automatische Ausführen von Tests bei jedem Code-Commit.

Qualitätssicherung in Scrum

Neben TDD spielt die allgemeine Qualitätssicherung eine zentrale Rolle im Scrum-Framework. Qualitätssicherung (engl. Quality Assurance, QA) geht über das reine Testen hinaus und umfasst alle Prozesse und Praktiken, die dazu beitragen, dass ein Produkt die festgelegten Qualitätsanforderungen erfüllt oder übertrifft. In Scrum erfolgt die Qualitätssicherung kontinuierlich und kollaborativ.

Integrierte QA-Praktiken

Im Scrum-Prozess sollten verschiedene QA-Praktiken integriert werden, um die Produktqualität sicherzustellen:

- **Definierte Teststrategien:** Klare Teststrategien und -richtlinien sollten festgelegt werden, um sicherzustellen, dass Tests ein integraler Bestandteil des Entwicklungsprozesses sind.
- **Regelmäßige Reviews und Retrospektiven:** Diese Scrum-Events bieten Gelegenheiten, die Qualität der Arbeit zu evaluieren und Verbesserungspotenziale zu identifizieren.
- **Paarprogrammierung:** Diese Technik fördert das

gemeinsame Verständnis und die Einhaltung von Qualitätsstandards während der Entwicklung.

- **Testautomatisierung:** Automatisierte Regressionstests helfen dabei, bestehende Funktionen schnell und zuverlässig zu überprüfen, wenn neue Funktionen hinzukommen.

Die Rolle der Scrum-Rollen in der Qualitätssicherung

Jede Rolle im Scrum-Framework trägt zur Qualitätssicherung bei. Der Scrum Master stellt sicher, dass das Team die besten Praktiken für Qualität umsetzt und hilft, Hindernisse zu beseitigen. Der Product Owner definiert klare Akzeptanzkriterien und setzt den Fokus auf Qualität aus der Sicht der Stakeholder. Die Entwickler sind dafür verantwortlich, qualitativ hochwertige Arbeit zu liefern, regelmäßige Reviews durchzuführen und den Code kontinuierlich zu verbessern.

Es ist klar, dass TDD und Qualitätssicherung nicht nur als isolierte Techniken gesehen werden sollten, sondern als integrale Bestandteile des Scrum-Prozesses. Sie fördern nicht nur die Erreichung einer hohen Produktqualität, sondern auch die Effizienz und Zufriedenheit des Teams.

Detaillierte Pläne zur Implementierung dieser Praktiken im Scrum-kontext finden sich in vielen Fachbüchern und wissenschaftlichen Arbeiten. Zu einer vertiefenden Weiterführung zu TDD empfehlen sich Fachquellen wie "Test Driven Development: By Example" von Kent Beck und "Agile Testing: A Practical Guide for Testers and Agile Teams" von Lisa Crispin und Janet Gregory.

Praktische Anwendung von Scrum: Anwendungsbeispiele und Case Studies

Anwendung von Scrum in einem agilen Softwareentwicklungsprojekt: Eine Fallstudie

Einführung

In der heutigen softwarezentrierten Welt hat sich Scrum als ein unverzichtbares Framework etabliert, das Teams dabei hilft, komplexe Projekte effizient und flexibel zu managen. Diese Fallstudie beleuchtet detailliert die Anwendung von Scrum in einem agilen Softwareentwicklungsprojekt. Sie illustriert die Herausforderungen und Vorteile, die während der Umsetzung auftraten, und gibt wertvolle Einblicke, wie Theorie in die Praxis umgesetzt wird. Diese Fallstudie bietet eine umfassende Analyse, die angehenden Professional Scrum Developern (PSD) praxisnahe Beispiele und reale Szenarien präsentiert.

Projektübersicht

Das betrachtete Softwareentwicklungsprojekt zielte darauf ab, eine benutzerfreundliche mobile Anwendung für die Finanzbranche zu entwickeln. Das Projektteam bestand aus 10 Mitgliedern, darunter zwei Scrum Master, vier Entwickler, zwei Tester, ein UX-Designer und ein Product Owner. Das Unternehmen beschloss, Scrum zu implementieren, um die Flexibilität und Anpassungsfähigkeit während des Entwicklungsprozesses zu erhöhen und um sicherzustellen, dass das Produkt regelmäßig verbessert und an die Marktbedürfnisse angepasst werden konnte.

Initiale Phase: Projektstart und Teambildung

Die initiale Phase des Projekts begann mit einer umfassenden Schulung des gesamten Teams in den Grundprinzipien und Praktiken von Scrum. Jeder Teilnehmer wurde mit seinen speziellen Rollen und Verantwortlichkeiten vertraut gemacht. Besonders wichtig war die klare Definition der Rolle des Product Owners, der für die Priorisierung und Verwaltung des Product Backlogs verantwortlich ist (Schwaber & Sutherland, 2020).

Ein weiterer wesentlicher Bestandteil der initialen Phase war die Definition des Projektumfangs und der Festlegung der Produktvision. Der Product Owner arbeitete eng mit den Stakeholdern zusammen, um die Hauptziele und Anforderungen für das Projekt zu formulieren.

Erste Sprints: Produktentwicklung und kontinuierliche Verbesserung

Nach der initialen Phase begann das Team mit den Sprints. Jeder Sprint dauerte zwei Wochen und begann mit dem Sprint Planning Event, bei dem das Team die Aufgaben für den kommenden Sprint festlegte (Rubin, 2012). Zu Beginn gab es einige Herausforderungen, insbesondere bei der Abschätzung der Aufgaben und der Zusammenarbeit zwischen den Entwicklern und Testern.

Im ersten Sprint wurde ein grundlegendes funktionales Modul der Anwendung entwickelt. Während des Daily Scrums, einer wichtigen Scrum Praxis, besprachen die Teammitglieder ihre täglichen Fortschritte und Hindernisse. Dies förderte die Transparenz und half, Blockaden schnell zu identifizieren und zu beseitigen.

Zum Ende jedes Sprints wurden die Ergebnisse im Rahmen des Sprint Reviews präsentiert. Dies gab dem Team die Möglichkeit, Feedback von den Stakeholdern zu erhalten und die nächste Iteration entsprechend anzupassen – ein Schlüsselelement in Scrum, das den kontinuierlichen Verbesserungsprozess unterstützt (Sutherland, 2014).

Sprint Retrospectives: Lernen und Anpassen

Ein zentraler Bestandteil der Scrum-Philosophie ist die kontinuierliche Verbesserung. Dieses Prinzip wurde durch die Sprint Retrospective umgesetzt, die nach jedem Sprint stattfand. Während dieser Sitzungen reflektierte das Team über den letzten Sprint und tauschte sich über die erzielten Ergebnisse, aufgetretenen Probleme und mögliche Verbesserungen aus (Schwaber, 2004).

Zum Beispiel wurde während einer Retrospective festgestellt, dass die Kommunikation zwischen den Entwicklern und den Testern nicht optimal funktionierte. Um dieses Problem zu beheben, entschied sich das Team, die Tester früher in den Entwicklungsprozess einzubeziehen und regelmäßige Meetings zwischen diesen Gruppen zu planen.

Herausforderungen und Lösungen

Während der Implementierung von Scrum traten einige Herausforderungen auf, die gelöst werden mussten, um den Projekterfolg sicherzustellen. Eine der größten Herausforderungen war die anfängliche Überlastung des Product Owners, der Schwierigkeiten hatte, die Anforderungen der Stakeholder und die Bedürfnisse des Teams gleichermaßen zu managen. Durch das Einführen von klareren Kommunikationsrichtlinien und einer engeren Zusammenarbeit mit einem erfahrenen Scrum Master konnte diese Herausforderung jedoch gemeistert werden (Larman & Vodde, 2009).

Ein weiteres Problem war die technische Komplexität einiger Aufgaben. Hier zeigte sich die Stärke des agilen Ansatzes: Durch häufige Iterationen und Feedback-Schleifen konnte das Team flexibel auf technische Hürden reagieren und schrittweise Lösungen entwickeln.

Ergebnisse und Erkenntnisse

Am Ende des Projekts konnte die mobile Finanzanwendung erfolgreich auf den Markt gebracht werden. Sie wurde mehrere Male iterativ verbessert und an die Bedürfnisse der Benutzer angepasst. Die Scrum-Methodik ermöglichte es dem Team, flexibel und effektiv auf Veränderungen zu reagieren und dabei stets den Fokus auf den Mehrwert für den Kunden zu legen.

Durch die Anwendung von Scrum gewann das Team wertvolle Erkenntnisse über die Dynamik agiler Projekte und die entscheidende Rolle der kontinuierlichen Verbesserung. Insbesondere wurden die positiven Auswirkungen von kurzen Feedback-Schleifen und adaptiver Planung deutlich, die halfen, das Projektziel innerhalb des vorgesehenen Zeitrahmens zu erreichen.

Fazit

Diese Fallstudie zeigt, dass die erfolgreiche Anwendung von Scrum in einem agilen Softwareentwicklungsprojekt kein Zufall ist, sondern das Ergebnis sorgfältiger Planung, kontinuierlicher Kommunikation und ständiger Anpassung. Die Herausforderungen, denen sich das Team gegenüber sah, unterstreichen die Bedeutung von Flexibilität und Zusammenarbeit in jeder Phase des Projekts. Für angehende Professional Scrum Developer bietet dieser detaillierte Einblick eine wertvolle Orientierungshilfe und Mut, sich aktiv mit den Prinzipien und Praktiken von Scrum auseinanderzusetzen.

Zitate:

- Schwaber, K., & Sutherland, J. (2020). "The Scrum Guide."
- Rubin, K. S. (2012). "Essential Scrum: A Practical Guide to the Most Popular Agile Process."
- Sutherland, J. (2014). "Scrum: The Art of Doing Twice the Work in Half the Time."
- Schwaber, K. (2004). "Agile Project Management with Scrum."
- Larman, C., & Vodde, B. (2009). "Scaling Lean & Agile Development: Thinking and Organizational Tools for Large-Scale Scrum."

Einführung von Scrum in einem etablierten Unternehmen: Herausforderungen und Lösungen

Die Einführung von Scrum in ein bereits etabliertes Unternehmen bringt eine Vielzahl von Herausforderungen mit sich. Während junge, dynamische Start-ups agilen Methoden wie Scrum oft mit offenen Armen gegenüberstehen, sind alteingesessene Organisationen mit starren hierarchischen Strukturen, festen Prozessen und tief verwurzelten Arbeitskulturen konfrontiert. Dieses Unterkapitel beleuchtet die typischen Hürden, die sich bei der Implementierung von Scrum in einem solchen Umfeld ergeben, und stellt bewährte Lösungsansätze vor.

Ein entscheidender Schritt bei der Einführung von Scrum ist das **Verständnis und die Akzeptanz der organisatorischen Kultur**. Die Unternehmenskultur beeinflusst, wie Veränderungen wahrgenommen und aufgenommen werden. In etablierten Unternehmen stehen oft Widerstände gegen Veränderungen im Vordergrund, da Mitarbeiter und Führungskräfte an gewohnten Abläufen festhalten. Eine Studie von Kotter und Heskett (1992) zeigt, wie tiefgreifend Kulturwandel in Unternehmen sein kann und wie er die Arbeitseffizienz fördert, wenn er richtig durchgeführt wird. Um diesen Wandel zu unterstützen, ist es wichtig, den

Nutzen und die Vorteile von Scrum klar zu kommunizieren und den Beteiligten ein klares Bild davon zu vermitteln, wie Scrum ihrer täglichen Arbeit und den allgemeinen Geschäftszielen zugutekommt.

Ein weiteres häufiges Hindernis ist die **Umstellung bestehender Rollen und Verantwortlichkeiten**. In traditionellen Unternehmen sind die Aufgabenbereiche oft klar definiert und hierarchisch organisiert. Mit Scrum ändern sich diese Strukturen drastisch. Der Übergang zu einem selbstorganisierten Team mit einem Scrum Master und einem Product Owner kann auf Widerstände stoßen. Gemäß den Prinzipien des Scrum Frameworks müssen die Rollen und Verantwortlichkeiten neu verteilt und oft auch neu erlernt werden (Schwaber & Sutherland, 2020). Es empfiehlt sich hier, Schulungs- und Weiterbildungsmaßnahmen für Mitarbeiter auf allen Ebenen anzubieten. Diese Maßnahmen sollten nicht nur die neuen Rollen und deren Verantwortlichkeiten vermitteln, sondern auch die Philosophie und die Vorteile der agilen Arbeitsweise greifbar machen.

Eine der wohl größten Herausforderungen bei der Einführung von Scrum in einem etablierten Unternehmen ist die Anpassung und Integration von **bestehenden Prozessen und Tools.** Oftmals sind in traditionellen Unternehmen Prozesse und Tools über Jahre gewachsen und tief in die

Arbeitsabläufe integriert. Die Einführung von Scrum erfordert jedoch flexiblere und schnellere Arbeitsmethoden sowie oft auch neue oder angepasste Werkzeuge. Ein pragmatischer Ansatz empfiehlt sich hier: Statt eine sofortige und vollständige Umstellung vorzunehmen, kann eine schrittweise Implementierung von Scrum in ausgewählten Projekten sinnvoll sein. Dieser Pilotansatz erlaubt es, erste Erfahrungen zu sammeln und die neuen Prozesse und Tools schrittweise im gesamten Unternehmen auszurollen. Laut dem „State of Agile Report" (VersionOne, 2020) haben viele Unternehmen positive Erfahrungen mit einem solchen stufenweisen Ansatz gemacht.

Eine weitere Herausforderung, die nicht unterschätzt werden sollte, ist die **Schaffung und Förderung einer Lern- und Fehlerkultur.** Traditionelle Unternehmen neigen dazu, Fehler zu bestrafen, was eine Atmosphäre der Angst und des Misstrauens schafft. Agiles Arbeiten hingegen lebt von einer offenen Kommunikation und der Bereitschaft, aus Fehlern zu lernen. Führungskräfte müssen dazu ermutigt werden, Fehler als Lernchancen zu betrachten und eine Kultur der kontinuierlichen Verbesserung zu fördern. Dies kann durch regelmäßige Sprint-Retrospektiven und durch die Einrichtung von Lernzirkeln unterstützt werden. Wie Jeff Sutherland, einer der Erfinder von Scrum, in seinem

Buch „Scrum: The Art of Doing Twice the Work in Half the Time" betont, ist die Fähigkeit, aus Fehlern zu lernen und sich ständig zu verbessern, einer der Schlüsselfaktoren für den Erfolg agiler Methoden.

Abschließend sollte betont werden, dass der **Erfolg von Scrum in etablierten Unternehmen** stark von der Unterstützung der oberen Führungsebene abhängt. Ohne deren Rückhalt kann die Transformation schwerlich gelingen. Führungskräfte müssen nicht nur die Notwendigkeit und die Vorteile der Einführung von Scrum erkennen, sondern auch aktiv die Rahmenbedingungen schaffen, in denen agile Methoden gedeihen können. Dies umfasst unter anderem die Bereitstellung von Ressourcen, die Förderung einer offenen Kommunikation und das Vorleben agiler Prinzipien.

Zusammenfassend lässt sich sagen, dass die Einführung von Scrum in einem etablierten Unternehmen ein anspruchsvolles, aber lohnendes Vorhaben ist. Mit klarem Verständnis, gezielter Kommunikation, geeigneten Schulungsmaßnahmen sowie der schrittweisen Anpassung von Prozessen und Tools können die typischen Herausforderungen gemeistert werden. Langfristig profitieren Unternehmen durch erhöhte Flexibilität, verbesserte

Zusammenarbeit und eine schnellere Reaktionsfähigkeit auf Marktveränderungen.

Quellen:

- Kotter, J. P., & Heskett, J. L. (1992). Corporate Culture and Performance. New York: Free Press.
- Schwaber, K., & Sutherland, J. (2020). The Scrum Guide. Scrum.org.
- VersionOne (2020). 14th Annual State of Agile Report.
- Sutherland, J. (2014). Scrum: The Art of Doing Twice the Work in Half the Time. Random House.

Vergleich von Scrum-Umsetzungen in verschiedenen Branchen: Best Practices und Lessons Learned

Die Implementierung von Scrum in verschiedenen Branchen kann auf den ersten Blick ähnlich erscheinen, doch bei genauerer Betrachtung zeigen sich deutliche Unterschiede und branchenspezifische Anpassungen. Dieser Abschnitt untersucht die Best Practices und Lessons Learned aus der Anwendung von Scrum in unterschiedlichen Industrieregionen. Dabei soll beleuchtet werden, wie unterschiedliche

Rahmenbedingungen und Anforderungen die Umsetzung von Scrum beeinflussen können.

Software-Entwicklung: Hohe Anpassungsfähigkeit und technologische Integration

Die Software-Entwicklungsbranche ist wohl der bekannteste Anwendungsbereich für Scrum. Dank ihrer inhärenten Flexibilität und dem hohen Maß an Zusammenarbeit passt Scrum hervorragend zu den Anforderungen dieses Sektors. Hier sind einige Best Practices:

- **Inkrementelle Entwicklung:** Die iterative Natur von Scrum ermöglicht es Teams, kontinuierlich auf Kundenfeedback zu reagieren und Anpassungen schnell vorzunehmen. Dies minimiert das Risiko von Fehlentwicklungen und sorgt für eine hohe Kundenzufriedenheit.

- **Automatisiertes Testen:** In der Software-Entwicklung ist es unerlässlich, dass kontinuierliche Integration und Test Driven Development (TDD) zum Einsatz kommen. Dies fördert die Qualitätssicherung und reduziert Fehler.

Ein konkretes Beispiel ist Spotify, welches Scrum praktiziert, um seine Entwicklungszyklen zu beschleunigen und gleichzeitig eine hohe Produktqualität zu gewährleisten. Das Unternehmen verwendet Sprints zur Priorisierung von Aufgaben und bietet Entwicklern genügend Spielraum für

Kreativität. Laut Henrik Kniberg, ein Agile-Coach bei Spotify, haben sogenannte "Squads" und "Tribes" die funktionsübergreifende Zusammenarbeit stark verbessert (Kniberg, H. 2014. "How Spotify builds products").

Finanzdienstleistungen: Strikte regulatorische Anforderungen

In der Finanzbranche ist die Implementierung von Scrum oft komplexer, da hier strikte regulatorische Anforderungen erfüllt werden müssen. Dennoch bietet Scrum auch in diesem Umfeld erhebliche Vorteile:

- **Regelmäßige Reviews:** Sprint Reviews und Retrospektiven ermöglichen es, den Fortschritt und die Einhaltung regulatorischer Vorgaben kontinuierlich zu überwachen und anzupassen.
- **Risiko Management:** Die iterative Arbeitsweise hilft dabei, Risiken frühzeitig zu identifizieren und zu mindern, was in der Finanzbranche von entscheidender Bedeutung ist.

Ein Beispiel aus diesem Bereich ist die ING Group, die Scrum verwendet, um ihre IT-Transformation voranzutreiben. Dank Sprint-basierten Prozessen konnte das Unternehmen flexibler und effizienter auf Marktveränderungen reagieren. Laut einem Bericht von Ron Meyer, Professor für Strategic Leadership, konnte die ING Group durch die

Einführung von Scrum eine bedeutende Reduktion der Time-to-Market ihrer IT-Projekte erreichen (Meyer, R. 2018. "Driving Digital: The ING Success Story").

Gesundheitswesen: Hohe Ansprüche an Sicherheit und Datenschutz

Die Gesundheitsbranche stellt besondere Anforderungen an die Scrum-Implementierung, vor allem in Hinblick auf Sicherheit und Datenschutz:

- **Strenge Dokumentation:** Umfangreiche Dokumentationsanforderungen sollten in die Sprint Reviews und Retrospektiven integriert werden, um die Einhaltung gesetzlicher Vorgaben zu gewährleisten.
- **Stakeholder-Einbindung:** Regelmäßige Einbindung von Fachkräften und Experten aus dem Gesundheitswesen ist unerlässlich, um sicherzustellen, dass die entwickelten Lösungen den hohen branchenspezifischen Anforderungen entsprechen.

Ein praktisches Beispiel ist Kaiser Permanente, ein führendes Gesundheitsunternehmen in den USA, das Scrum nutzt, um IT-Projekte zu verwalten und gleichzeitig die strikten regulatorischen Anforderungen zu erfüllen. Durch die Einführung von Scrum konnte das Unternehmen die Effizienz seiner Projekte erheblich steigern und gleichzeitig eine hohe Datenintegrität und Sicherheit gewährleisten, wie in einem Bericht von Eric Ries zu lesen ist (Ries, E. 2017. "The Lean Startup").

Fertigung: Effizienz durch Just-in-Time-Lieferung und kontinuierliche Verbesserung

Die Fertigungsindustrie zeigt, wie Scrum in einem Umfeld angewendet werden kann, das traditionell von strukturierten und vordefinierten Prozessen geprägt ist:

- **Kanban-Integration:** Die Kombination aus Scrum und Kanban, auch "Scrumban" genannt, ermöglicht eine noch effizientere Prozesssteuerung und Materialbereitstellung.

- **Kontinuierliche Verbesserung:** Dank regelmäßiger Retrospektiven können Teams ihre Arbeitsabläufe ständig optimieren und anpassen, was zu einer höheren Produktivität führt.

Ein Beispiel aus der Automobilindustrie ist Toyota, das nicht nur Kanban, sondern auch Scrum eingesetzt hat, um seine Fertigungsprozesse zu optimieren. Mittels agiler Methoden konnte Toyota die Effizienz seiner Produktionszyklen erheblich steigern und gleichzeitig die Flexibilität erhöhen (Liker, J.K. 2004. "The Toyota Way").

Lessons Learned

Zusammenfassend lässt sich feststellen, dass die Umsetzung von Scrum in verschiedenen Branchen zwar diverse

Herausforderung und Anpassungen erfordert, jedoch signifikante Effizienz- und Qualitätssteigerungen ermöglicht. Hier sind die wichtigsten Erkenntnisse:

- **Anpassungsfähigkeit:** Scrum muss immer an die spezifischen Anforderungen und Rahmenbedingungen der jeweiligen Branche angepasst werden.
- **Kundenorientierung und Feedback:** Regelmäßige Kunden- und Stakeholder-Feedbacks sind essentiell für den Erfolg von Scrum-Implementierungen.
- **Kontinuierliche Verbesserung:** Der Erfolg von Scrum hängt maßgeblich von der Bereitschaft zur kontinuierlichen Verbesserung und Anpassung ab.

Durch diese branchenspezifischen Erkenntnisse können angehende Professional Scrum Developer ihre eigene Implementierung von Scrum besser planen und optimieren.

Quellen:
- Kniberg, H. (2014). "How Spotify builds products".
- Meyer, R. (2018). "Driving Digital: The ING Success Story".
- Ries, E. (2017). "The Lean Startup".
- Liker, J.K. (2004). "The Toyota Way".

Retro-Perspektive: Analyse der kontinuierlichen Verbesserung in langlaufenden Scrum-Projekten

Langlaufende Scrum-Projekte bringen einzigartige Herausforderungen und Möglichkeiten zur kontinuierlichen Verbesserung mit sich. Diese kontinuierliche Verbesserung ist kein Zufallsprodukt, sondern das Ergebnis eines strukturierten Prozesses der Reflektion und Anpassung, der tief in die Scrum-Philosophie eingebettet ist.

Die Kernidee bei der kontinuierlichen Verbesserung in Scrum-Projekten ist es, regelmäßig innezuhalten, die aktuellen Prozesse und Praktiken zu überprüfen und auf Basis dieser Überprüfung gezielte Veränderungen vorzunehmen. Dieser Zyklus des Überdenkens und Handelns ist in Scrum prominent vertreten durch die Veranstaltung der Sprint Retrospektive, die am Ende jedes Sprints stattfindet.

Die Sprint Retrospektive dient als wichtige Plattform, auf der das Scrum-Team seine Arbeitsweise reflektiert und Verbesserungsmöglichkeiten identifiziert. Damit die Retrospektive effektive Ergebnisse liefert, ist es essenziell, dass das Team einen offenen und vertrauensvollen Raum schafft, in dem alle Mitglieder frei ihre Gedanken äußern können. Laut dem Scrum Guide, "wird die Sprint Retrospektive genutzt, um das Team kontinuierlich zu verbessern, indem es sich auf das konzentriert, was gut lief, und darauf, was besser gemacht werden könnte."

Ein wichtiges Merkmal langlaufender Projekte ist die Notwendigkeit einer stabilen Teamarbeit. Häufige missglückte Sprints können auf grundlegende Schwächen im Team oder im Prozess hinweisen. Diese Symptomatik kann mit Hilfe einer Retrospektive tiefgehend analysiert werden. Eines der nützlichsten Werkzeuge in solchen Analysesitzungen ist der **Root Cause Analysis (RCA)**. RCA hilft dem Team, die primären Ursachen für Probleme zu identifizieren, anstatt nur die Symptome zu behandeln.

Ein weiteres leistungsstarkes Tool ist die **"5-Why"-Technik**, die darauf abzielt, durch wiederholte Frage "Warum" die Kernelemente eines Problems zu identifizieren. Wie Taiichi Ohno, der Vater des Toyota Production System, sagte: "Indem wir fünfmal fragen, warum, können wir die Ursache eines Problems und seine Lösung verstehen."

Neben der strukturellen Analyse ist es wichtig, regelmäßige Feedback-Schleifen einzurichten, um rasch auf sich ändernde Bedingungen und neue Herausforderungen zu reagieren. Ein lernendes Team ist ein adaptierendes Team. Die Anwendung von agilen Metriken, wie zum Beispiel Burn-down-Charts, Velocity und durchlaufende Zykluszeiten, bietet wertvolle Einsichten über die Fortschritte und ermöglicht eine rechtzeitige Kurskorrektur.

Insbesondere in langlaufenden Scrum-Projekten ist **technische Schulden** ein häufiges Thema, das kontinuierlich überwacht und verwaltet werden muss. Technische Schulden bezieht sich auf die Notwendigkeit, zukünftige Arbeit zu leisten, um eine schnelle Lösung oder einen suboptimalen Code zu korrigieren. Wenn diese Schulden nicht rechtzeitig adressiert werden, können sie die Produktentwicklung erheblich verlangsamen. Eine gängige Best Practice zur Handhabung technischer Schulden ist es, explizite Zeit in jedem Sprint einzuplanen, um diese Schulden abzubauen.

Die Dokumentation der Reise des Teams im Verlauf des Projekts kann auch als leistungsstarkes Mittel zur kontinuierlichen Verbesserung dienen. Die Nutzung von *Team Journals* oder *Projekt-Tagebüchern* ermöglicht es dem Team, Verlauf, Erfahrungen und gewonnene Erkenntnisse detailliert festzuhalten, die dann in zukünftigen Sprints nützlich sein können.

Eine erfolgreiche Langzeitwirkung von Retrospektiven setzt jedoch voraus, dass Änderungen nicht nur vorgeschlagen, sondern tatsächlich umgesetzt und überwacht werden. Es hilft enorm, wenn ein spezielles Teammitglied, häufig der Scrum-Master, die Verantwortung übernimmt, um sicherzustellen, dass die vereinbarten Verbesserungen nachverfolgt und in die Praxis umgesetzt werden. Dies kann durch spezifische Aktionspläne oder *Improvement Backlogs* erreicht werden.

Über die Sprint Retrospektiven hinaus kann die Einbindung weiterer agiler Prinzipien wie **Kaizen** (ein aus Japan stammendes Konzept, das "Verbesserung" bedeutet und darauf abzielt, kontinuierliche, inkrementelle Prozessoptimierungen durchzuführen) von Vorteil sein. Laut Jeffrey Liker in seinem Buch "The Toyota Way": „Kaizen ist eine Philosophie, die ständige und kontinuierliche Verbesserung durch schrittweise, tägliche Veränderungen anstrebt." Diese Philosophie ergänzt Scrum optimal, indem sie das Team dazu ermutigt, kontinuierlich nach Verbesserungsmöglichkeiten zu suchen.

Zusammenfassend lässt sich sagen, dass die kontinuierliche Verbesserung in langlaufenden Scrum-Projekten ein dynamischer und iterativer Prozess ist. Dieser Prozess erfordert

Engagement, ständige Wachsamkeit und eine proaktive Haltung des Teams. Durch die strukturierte Anwendung von Retrospektiven, die Nutzung analytischer Werkzeuge, die Verwaltung technischer Schulden, das Festhalten von Erkenntnissen und das Einbeziehen agiler Prinzipien kann ein Scrum-Team seine Arbeit kontinuierlich verbessern und somit den langfristigen Erfolg sicherstellen.

Test Driven Development (TDD) und Continuous Integration (CI)

Die Prinzipien und Best Practices von Test Driven Development (TDD)

Test Driven Development (TDD) hat sich als eine der Kernpraktiken in der modernen Softwareentwicklung etabliert. Es verfolgt das Ziel, hohe Codequalität und Wartbarkeit zu gewährleisten, indem Tests noch vor der eigentlichen Implementierung von Funktionen geschrieben werden. Diese Herangehensweise, die praktisch das Prinzip „Test First" beinhaltet, fördert nicht nur das Verständnis der zu entwickelnden Funktionen, sondern stellt auch sicher, dass der Code von Anfang an auf Zuverlässigkeit und Robustheit getestet wird.

Die Prinzipien von TDD basieren auf einem iterativen Entwicklungszyklus, der oft als „Red-Green-Refactor"-Schrittfolge beschrieben wird:

- **Red**: Schreiben eines Tests, der für eine neue Funktionalität fehlschlägt. Damit ist der Test „rot". Dieser

Schritt ist wichtig, da er sicherstellt, dass der neue Test tatsächlich überprüft, was wir implementieren wollen.

- **Green**: Implementieren gerade genug Code, damit der Test erfolgreich („grün") besteht. Hierbei liegt der Fokus auf Einfachheit und Minimalismus, nur um den Test zum Bestehen zu bringen.
- **Refactor**: Den vorhandenen Code verbessern, ohne dass die Tests ihren grünen Status verlieren. In dieser Phase werden bestehende Code-Duplikate entfernt, und der Code wird nach bewährten Prinzipien der Codequalität gereinigt.

Die Benefits von TDD sind weitreichend und umfassen:

- **Bessere Codequalität**: TDD fördert die Produktion von Code, der bereits früh auf Fehler geprüft wird. Dies erhöht die Wahrscheinlichkeit, dass der Endcode fehlerfrei und stabil ist.
- **Verbesserte Design-Fertigkeiten**: Der iterative Prozess von TDD zwingt Entwickler dazu, genau über die Struktur und das Design ihres Codes nachzudenken, bevor sie ihn schreiben.
- **Arbeitsdokumentation**: Jedes geschriebene Testcase dokumentiert eine spezifische Funktion des Codes, was die spätere Nachverfolgung und das Verständnis

erleichtert.

- **Reduzierte Fehlerraten**: Da jede Änderung im Code durch Tests überprüft wird, sinkt die Wahrscheinlichkeit, dass neue Fehler oder Regressionen eingeführt werden.

Zu den Best Practices von TDD gehört es ferner, auf bewährte Muster und Prinzipien zurückzugreifen, die den Prozess optimieren und strukturieren. Ein paar herausragende Best Practices sind:

- **Schreiben von kleinen, unabhängigen Tests:** Jeder Test sollte sich auf eine spezifische Kleinigkeit konzentrieren. Es sollten keine Abhängigkeiten zwischen Tests existieren, um isolierte Fehlersuche zu ermöglichen.
- **KISS-Prinzip (Keep It Simple, Stupid)**: Der Code und die Tests sollten einfach verständlich und wartbar sein. Komplexität sollte so weit wie möglich vermieden werden.
- **Verwendung von Mock-Objekten:** Um externe Abhängigkeiten zu vermeiden, kann auf Mocking Libraries zurückgegriffen werden. Dies stellt sicher, dass Tests unabhängig sind und sich nur auf die zu testende Einheit konzentrieren.
- **Regelmäßige Integration:** Tests sollten ständig in den Entwicklungszyklus integriert werden, und bei jeder Änderung der Codebasis ausgeführt werden. Dies

fördert eine ständige Kontrolle der Codequalität.

Ein Zitat von Kent Beck, einem der Vordenker von TDD, unterstreicht die Bedeutung dieses Ansatzes: „Ich weiß, dass oft gesagt wird, dass TDD hilft, bessere Software zu schreiben. Das größte Geschenk von TDD sind jedoch die vielen, vielen schnelle Rückmeldeschleifen." (Kent Beck)

Strategien zur Implementierung von TDD sollten ebenfalls durch Schulungen und Workshops für das Team unterstützt werden. Zudem sollten Teams kleine Projekte oder „Spike"-Übungen in ihren Arbeitsalltag integrieren, um sich mit den Prinzipien und Praktiken von TDD vertraut zu machen. Die Aneignung dieser Praktiken wird nicht nur die individuelle Leistungsfähigkeit der Entwickler verbessern, sondern auch die Gesamtproduktivität und die Qualität des Projekts steigern.

Zusammenfassend ist Test Driven Development ein unerlässliches Werkzeug für jeden angehenden Professional Scrum Developer. Es bietet eine strukturierte und methodische Herangehensweise zur Sicherstellung der Codequalität, die sich nicht nur auf das unmittelbare, sondern auch auf das zukünftige Projekt auswirkt. Die Konzentration auf die Prinzipien und Best Practices von TDD wird den Lernenden nicht nur auf die PSD-Zertifizierung vorbereiten, sondern auch auf eine erfolgreiche Karriere in der agilen Softwareentwicklung.

Implementierung von TDD in Scrum-Projekten

Die Implementierung von Test Driven Development (TDD) in Scrum-Projekten ist eine hochgradig effektive Methode zur Sicherstellung der kontinuierlichen Qualität und Zuverlässigkeit des entwickelten Codes. TDD, ein Entwicklungskonzept, das seine Ursprünge in den frühen 2000er Jahren hat, wurde hauptsächlich durch die Publikationen von Kent Beck und seine Arbeit zur Extreme Programming (XP) bekannt. Diese Methode verlangt von Entwicklern, Tests noch vor dem eigentlichen Feature-Code zu schreiben. Dieses Vorgehen hat gleich mehrere Vorteile, insbesondere in der agilen Welt und im Kontext von Scrum.

Warum TDD in Scrum-Projekten?

Scrum ist darauf ausgelegt, iterativ und inkrementell zu arbeiten, um regelmäßig funktionsfähige Software-Inkremente zu liefern. TDD ergänzt diese Struktur perfekt, da es sich ebenfalls auf wiederholte Zyklen und stetige

Verbesserung konzentriert. Indem Tests vor dem eigentlichen Code geschrieben werden, hilft TDD, klare Anforderungen und Designentscheidungen festzulegen, bevor mit der Implementierung begonnen wird.

Im Scrum-Framework sind Werte wie Kompatibilität, Transparenz und kontinuierliche Verbesserung von zentraler Bedeutung. TDD unterstützt diese Werte durch die Schaffung einer solid dokumentierten Basis von Tests, die als lebende Dokumentation des Systems fungieren. Tests gewährleisten Transparenz bezüglich der Systemfunktionalität und ermöglichen es Entwicklern, Änderungen sicher vorzunehmen, was den kontinuierlichen Verbesserungsgedanken von Scrum fördert.

Die drei Phasen des TDD-Zyklus

Um zu verstehen, wie TDD in einem Scrum-Projekt implementiert wird, müssen wir den klassischen TDD-Zyklus verstehen, der aus drei Hauptphasen besteht:

- **1. Schreiben eines fehlgeschlagenen Tests:** Zuerst wird ein Test geschrieben, der das gewünschte Verhalten des zu implementierenden Features beschreibt. Da der eigentliche Feature-Code noch nicht existiert, wird dieser Test zwangsläufig fehlschlagen.
- **2. Implementieren des Feature-Codes:** Nachdem der Test existiert, wird der minimal notwendige Code

geschrieben, um den Test erfolgreich zu bestehen. Dieser Schritt wird oft auch als „Fake it till you make it" bezeichnet. Das Ziel ist nicht, sofort perfekten Code zu schreiben, sondern nur die Testanforderungen zu erfüllen.

- **3. Refactoring:** Sobald der Test bestanden ist, wird der gerade entstandene Code verbessert und optimiert. Hierbei ist darauf zu achten, dass er weiterhin die bestehenden Tests besteht. Das Refactoring dient der Verbesserung von Lesbarkeit, Performance und allgemeiner Codequalität.

TDD und User Stories in Scrum

In einem typischen Scrum-Projekt beginnen die Sprints mit der Planungssitzung (Sprint Planning). Hierbei werden User Stories aus dem Produkt-Backlog ausgewählt und in den Sprint-Backlog verschoben. Jede User Story sollte klar definierte Akzeptanzkriterien enthalten, die als Grundlage für die Erstellung von Tests in der TDD-Praxis genutzt werden können. Ein Vorgehen, das sich dabei bewährt hat, ist die Nutzung von BDD (Behavior Driven Development), bei dem User Stories in einer bestimmten Gherkin-Syntax geschrieben werden:

GIVEN [Ausgangsbedingung],

WHEN [Aktion],

THEN [erwartetes Ergebnis]

Diese Struktur stellt sicher, dass alle relevanten Use Cases in den Testszenarien abgedeckt werden und somit die Implementierung des Codes passgenau zu den Anforderungen erfolgt.

Benefits und Herausforderungen der Umsetzung

Ein Hauptvorteil von TDD in Scrum-Projekten ist die frühe Identifizierung von Problemen. Da Tests vor dem Code geschrieben werden, decken sie potentiell fehleranfällige Bereiche sofort auf. Dies minimiert das Risiko von Bugs im späteren Entwicklungsstadium erheblich. Zudem sorgt TDD für eine klare Struktur und Ordnung im Code, da durch die iterative Arbeitsweise ständig Refactorings durchgeführt werden.

Allerdings gibt es auch Herausforderungen. Eine der größten ist die initiale Lernkurve. Entwickler, die an modifizierte Arbeitsabläufe gewöhnt sind, müssen sich erst an das neue Paradigma gewöhnen. In Scrum-Teams kann dies durch Paar-Programmierung und regelmäßige Review-Sitzungen erleichtert werden. Zudem können gezielte Schulungsmaßnahmen und Workshops zur TDD-Einführung beitragen.

Werkzeuge und Best Practices

Die erfolgreiche Implementierung von TDD erfordert geeignete Werkzeuge. Hierbei handelt es sich meist um Testing-Frameworks und CI/CD-Tools. Beliebte Frameworks in der Softwareentwicklung umfassen JUnit für Java, NUnit für .NET und PyTest für Python. Für die Continuous Integration sind Plattformen wie Jenkins, Travis CI und GitLab CI unerlässlich. Diese Tools ermöglichen das kontinuierliche Testen und Integrieren von Code, was kritische Prinzipien im agilen Umfeld unterstützt.

Einige Best Practices für die Umsetzung von TDD in Scrum-Projekten sind:

- **Kleine, inkrementelle Tests:** Schreiben Sie Tests für kleine, abgeschlossene Funktionalitäten anstatt großer monolithischer Einheiten.
- **Regelmäßiges Refactoring:** Nutzen Sie jede Gelegenheit, um den Code zu verbessern und überflüssige Komplexität zu vermeiden.
- **Paar-Programmierung:** Arbeiten Sie im Team, um Wissen zu teilen und gemeinsame Standards zu entwickeln.
- **Integration der Tests in die CI-Pipeline:** Stellen Sie sicher, dass alle geschriebenen Tests automatisch bei jedem Build ausgeführt werden.

Durch Anwendung der Prinzipien und Praktiken von TDD innerhalb der Scrum-Methodik können Teams nicht nur die Qualität des produzierten Codes verbessern, sondern auch effizientere, kohärentere und agilere Entwicklungsprozesse schaffen. TDD und Scrum erweisen sich als leistungsstarkes Duo, das gerade in dynamischen Projekten mit schnell wechselnden Anforderungen zentrale Vorteile bietet.

Einführung in Continuous Integration (CI) und dessen Vorteile

Continuous Integration (CI) hat in den letzten Jahren als Schlüsselpraktik in der agilen Softwareentwicklung immense Bedeutung erlangt. Diese Technik fördert die häufige Integration von Codeänderungen in ein zentrales Repository, was eine kontinuierliche Entwicklung und schnelles Feedback ermöglicht. CI wurde erstmals von Grady Booch in den frühen 1990er Jahren in seinem Buch "Object-Oriented Analysis and Design with Applications" erwähnt und ist heute essenziell für moderne Entwicklungsprozesse.

CI ist nicht nur ein technisches Verfahren, sondern eine Kultur des regelmäßigen Testens und der kontinuierlichen Zusammenarbeit. Die Bedeutung von CI in agilen Projekten und insbesondere in Scrum kann nicht hoch genug eingeschätzt werden, da es die Codequalität, Zusammenarbeit und die Fähigkeit, schnell auf Veränderungen zu reagieren, erheblich verbessert.

Der Prozess der kontinuierlichen Integration umfasst mehrere wichtige Schritte, um seine Vorteile voll ausschöpfen zu können:

1. Häufige Commits: Entwickler sollten ihren Code häufig in das zentrale Repository einchecken. Idealerweise erfolgt dies mehrmals täglich. Dies stellt sicher, dass Änderungen so schnell wie möglich überprüft werden können und etwaige Konflikte frühzeitig erkannt und behoben werden.

2. Automatisierte Builds: Bei jedem Commit sollte ein automatisierter Build-Prozess ausgelöst werden. Dieser Prozess kompiliert den Code, führt alle Tests durch und überprüft, ob der neue Code mit dem bestehenden kompatibel ist. Dabei werden nicht nur Unit-Tests, sondern auch Integrationstests und andere Qualitätssicherungsmaßnahmen durchgeführt.

3. Sofortiges Feedback: Ein weiterer Eckpfeiler von CI ist das sofortige Feedback. Entwickler werden umgehend über Fehler oder Probleme informiert, sobald sie auftreten. Dadurch können sie auftretende Probleme zeitnah und effizient bearbeiten, was die Qualität der Software erheblich erhöht.

4. Code-Review-Prozess: CI ermutigt auch zur Durchführung von Code-Reviews. Durch Peer-Reviews wird nicht nur die Qualität des Codes verbessert, sondern auch der Wissensaustausch innerhalb des Teams gefördert. Dies führt zu einer konsistenteren Codebasis und reduziert die Wahrscheinlichkeit von Fehlern.

Die Vorteile der kontinuierlichen Integration sind vielfältig und weitreichend:

1. Verbesserte Code-Qualität: Durch die kontinuierliche Prüfung des Codes und die frühzeitige Fehlererkennung wird die Qualität der Software erheblich verbessert. Fehler werden frühzeitig entdeckt und behoben, noch bevor sie zu größeren Problemen führen können. Hierbei spielt die Automatisierung eine zentrale Rolle, wie Martin Fowler in seinem Artikel "Continuous Integration" betont: "Continuous Integration is a software development practice where members of a team integrate their work frequently, usually each person integrates at least daily — leading to multiple integrations per day."

2. Schnellere Fehlerbehebung: Schnelles Feedback und häufige Commits ermöglichen es Entwicklern, Probleme sofort zu erkennen und zu beheben. Dies reduziert die Zeit, die für die Fehlersuche und -behebung benötigt wird, erheblich.

3. Erhöhte Transparenz: CI schafft eine Kultur der Transparenz und Zusammenarbeit. Alle Beteiligten haben Zugriff auf den neuesten Code und die aktuellen Testergebnisse, was die Kommunikation und Zusammenarbeit erheblich erleichtert. Die Sichtbarkeit des Projektstatus wird erhöht, was ein agiles Arbeiten und schnelles Anpassen an Veränderungen ermöglicht.

4. Erleichterung von Release-Prozessen: CI stellt sicher, dass der Code stets in einem releasefähigen Zustand ist. Dies erleichtert und beschleunigt den Release-Prozess erheblich. Kontinuierliche Integration trägt somit dazu bei, dass neue Versionen der Software häufiger und zuverlässiger ausgeliefert werden können.

5. Reduzierung technischer Schulden: Technische Schulden entstehen oft durch das Hinauszögern von Code-Integrationen und das Ignorieren kleinerer Probleme. CI wirkt dem entgegen, indem es regelmäßige Integrationen fördert und dafür sorgt, dass Probleme sofort behoben werden. Somit wird das Entstehen von technischen Schulden minimiert.

In der Praxis wird CI oft durch die Verwendung von CI-Servern und Build-Tools unterstützt. Bekannte CI-Server wie Jenkins, GitLab CI, und CircleCI bieten umfangreiche Funktionen zur Automatisierung von Build-, Test- und Deploy-Prozessen. Diese Tools ermöglichen die Integration und Durchführung von CI in verschiedenen Entwicklungsumgebungen und erleichtern die Implementierung der Best Practices.

In einem Scrum-Team kann die Einführung von CI erhebliche Veränderungen und Verbesserungen im Entwicklungsprozess mit sich bringen. Die enge Verzahnung von CI und Scrum fördert die kontinuierliche Verbesserung und Anpassung an neue Anforderungen. Insbesondere in Kombination mit Test Driven Development (TDD), das in den vorhergehenden Kapiteln ausführlich behandelt wurde, entsteht ein starkes Fundament zur Sicherstellung der Code-Qualität und der effizienten Entwicklung von Software.

Abschließend lässt sich sagen, dass Continuous Integration nicht nur eine technische Praktik, sondern eine wesentliche Kultur in der agilen Softwareentwicklung darstellt, die einen nachhaltigen positiven Einfluss auf die Qualität und Geschwindigkeit von Softwareprojekten hat. Entwickler und Teams, die CI erfolgreich implementieren, profitieren von einer stabileren und qualitativ hochwertigeren Codebasis, die den Anforderungen des sich schnell ändernden

Marktes gerecht wird. Dies ist ein entscheidender Schritt auf dem Weg zur erfolgreichen Zertifizierung als Professional Scrum Developer und zur erfolgreichen Anwendung agiler Methoden in der realen Welt.

Wie Ken Schwaber, einer der Mitbegründer von Scrum, in seinem Buch "Software in 30 Days" beschreibt: "Continuous Integration creates a self-testing consistent development and production environment, aligning with the Scrum principles of transparency, inspection, and adaptation." Diese Aussage unterstreicht die Wichtigkeit und die fortlaufende Relevanz von CI in einem agilen Kontext.

Integrierte Nutzung von TDD und CI zur Sicherstellung der Code-Qualität

Test Driven Development (TDD) und Continuous Integration (CI) sind zwei wesentliche Praktiken in der modernen Software-Entwicklung, die nicht nur die Produktqualität verbessern, sondern auch die Effizienz des Entwicklungsprozesses steigern. Ihre kombinierte Nutzung kann die Code-Qualität erheblich sichern und kontinuierliche Verbesserungen ermöglichen. In diesem Unterkapitel werden wir erörtern, wie TDD und CI nahtlos integriert werden können, um diese Ziele zu erreichen.

Wechselspiel zwischen TDD und CI

Test Driven Development (TDD) und Continuous Integration (CI) ergänzen sich auf erstaunliche Weise. Während TDD darauf abzielt, Tests vor und während der Code-Erstellung zu schreiben, um sicherzustellen, dass der Code die beabsichtigten Anforderungen erfüllt, unterstützt CI die kontinuierliche Zusammenführung des Codes durch regelmäßiges Integrations- und Testen im Hauptzweig. Gemeinsam bilden sie eine leistungsstarke Allianz, die Fehler frühzeitig erkennt und die Code-Qualität sicherstellt.

TDD basiert auf einem wiederholten Zyklus von Schreiben eines Tests, der fehlschlägt, Schreiben des minimalen Codes zum Bestehen des Tests und anschließendem Refactoring des Codes. Dieser Zyklus wird als *"Red-Green-Refactor"*-Zyklus bezeichnet. CI hingegen setzt auf automatisierte Tests und Builds, die jedes Mal durchgeführt werden, wenn neuer Code in das Repository integriert wird.

Stellen Sie sich vor, Sie abonnieren einen CI-Dienst wie Jenkins, Travis CI oder CircleCI, der eng in Ihre

Versionskontrollsysteme integriert ist. Jedes Mal, wenn Sie einen Commit zu Ihrem Repository hinzufügen, führt der CI-Dienst automatisch eine Reihe von TDD-Tests aus. Dies steigert nicht nur die Effizienz, sondern auch das Vertrauen, dass eingeführte Änderungen nicht unbeabsichtigte Fehler oder Regressionen verursachen.

Automatisierung und Feedback-Schleifen

Ein zentraler Aspekt der Integration von TDD und CI ist die Automatisierung. Automatisierte Tests und Builds sorgen dafür, dass jede Änderung, die in den Code eingeführt wird, sofort auf ihre Auswirkungen hin überprüft wird. Dies sorgt für schnelle Feedback-Schleifen und ermöglicht es dem Entwicklungsteam, Fehler sofort zu erkennen und zu beheben.

Da CI kontinuierliche Tests durchführt, ist es ideal, dass die Tests im TDD-Stil geschrieben werden. Indem die Tests bereits während der Entwicklung geschrieben werden, sind sie immer auf dem neuesten Stand und können effizient genutzt werden, um den Code zu überprüfen. Dies stellt sicher, dass der Code stets in einem deploybaren Zustand bleibt, eine der Kernprinzipien von CI.

Qualitätssicherung und Refactoring

Die kontinuierliche Integration ermöglicht es, dass Refactorings regelmäßig und ohne Angst vor Regressionsfehlern durchgeführt werden können. Dies ist besonders wichtig, da Refactoring einen wesentlichen Bestandteil des TDD-Zyklus darstellt. Durch das regelmäßige Ausführen der Tests im CI-Framework wird sichergestellt, dass jeder Codeänderung durch Refactoring die volle Aufmerksamkeit geschenkt wird und das ganze System robust bleibt.

Regelmäßiges Refactoring trägt zur Verbesserung der Codebasis bei, indem es die Lesbarkeit und Wartbarkeit des Codes erhöht. Dabei hilft CI, sicherzustellen, dass keine funktionalen Veränderungen durch Refactorings verloren gehen. Robert C. Martin, ein Befürworter des TDD, betonte in seinem Buch "*Clean Code: A Handbook of Agile Software Craftsmanship*", wie stark der Wert von kontinuierlichem Refactoring für sauberen und klaren Code ist.

Best Practices für die Integration von TDD und CI

- Nutzen Sie Versionskontrollsysteme wie Git, um Änderungen zu verwalten und die Zusammenarbeit im Team zu erleichtern.
- Führen Sie nach jedem Commit automatische Tests

durch, um sicherzustellen, dass der gesamte Code weiterhin wie erwartet funktioniert.

- Stellen Sie sicher, dass alle Tests durchlaufen, bevor der Code in den Master-Branch integriert wird. Dies erhöht die Stabilität und Qualität des Hauptcodes.
- Verwenden Sie CI-Tools wie Jenkins, Travis CI oder CircleCI, um den Integrationsprozess zu automatisieren und zu verwalten.
- Regelmäßiges Refactoring ist eine Notwendigkeit, um die Codebasis gesund und wartbar zu halten.
- Nehmen Sie sich Zeit für Code-Reviews, um durch menschliches Urteilsvermögen zusätzliche Sicherheit zu gewinnen.

Fallstudie: Erfolgreiche Integration von TDD und CI in einem Projektrahmen

Ein herausragendes Beispiel für die erfolgreiche Integration von TDD und CI ist das Entwicklungsteam von Etsy. Sie setzen umfassend auf TDD und CI, um nicht nur die Qualität ihres Codes zu sichern, sondern auch die Time-to-Market für neue Features zu verkürzen. Durch den Einsatz von Jenkins als CI-Tool und umfangreiche Testfälle im TDD-Stil konnten sie die Zahl der Produktionsfehler erheblich senken und die Stabilität der Plattform erhöhen.

Etsy's Erfahrung zeigt, dass die Investition in TDD und CI sowohl kurzfristige als auch langfristige Vorteile bietet. In einem Blogbeitrag betonten sie die Wichtigkeit der Testautomatisierung und wie sie in der Lage waren, dies nahtlos in ihren täglichen Workflow zu integrieren (Etsy Engineering Blog, 2019).

Zusammenfassend lässt sich sagen, dass die integrierte Nutzung von TDD und CI einen erheblichen Einfluss auf die Qualität des Codes und die Effizienz des Entwicklungsprozesses hat. Durch die Automatisierung von Tests und kontinuierliche Integration können Entwicklungszyklen schneller und sicherer durchgeführt werden, was letztendlich zu einer höheren Produktqualität und -stabilität führt. Es ist eine Win-Win-Situation für Entwickler und Unternehmen gleichermaßen.

Praktische Übungsaufgaben und Fallstudien

Implementierung eines einfachen Scrum-Projekts: Eine schrittweise Anleitung

Die Implementierung eines einfachen Scrum-Projekts ist der beste Weg, um die theoretischen Konzepte von Scrum in die Praxis umzusetzen. In diesem Unterkapitel führen wir Sie durch die wesentlichen Schritte eines Scrum-Projekts. Von der Initiierung bis zur erfolgreichen Durchführung eines Sprints werden wir alle wichtigen Aspekte behandeln, um Ihnen ein klares Bild davon zu vermitteln, wie ein Scrum-Projekt in der Realität abläuft.

Initialisierung des Projekts

Die Initialisierungsphase eines Scrum-Projekts beginnt mit der Definition des Projekts und der Identifizierung der Stakeholder. Dies umfasst die Erfassung der Geschäftsziele und der Anforderungen, die das Projekt erfüllen soll.

- Definieren Sie das Projektziel: Was soll mit diesem Projekt erreicht werden?

- Identifizieren Sie die Stakeholder: Wer hat ein Interesse am Ausgang des Projekts?
- Erstellen Sie ein grobes Projekt-Backlog: Welche Features und Anforderungen sollen umgesetzt werden?

Das Projekt-Backlog ist ein lebendiges Dokument, das im Verlauf des Projekts kontinuierlich aktualisiert und verfeinert wird. Jedes Element im Backlog sollte in Form einer *User Story* geschrieben sein, z.B.: "Als Nutzer möchte ich mich mit meinem Benutzernamen und Passwort anmelden, um Zugang zu meinem Konto zu erhalten."

Bildung des Scrum-Teams

Nachdem das Projektziel und die Stakeholder identifiziert wurden, ist es an der Zeit, das Scrum-Team zu bilden. Ein ideales Scrum-Team besteht aus einem Product Owner, einem Scrum Master und mehreren Entwicklern.

- **Product Owner:** Verwalter des Produkt-Backlogs, verantwortlich für die Maximierung des Werts des Produkts.
- **Scrum Master:** Unterstützt das Team und sorgt dafür, dass Scrum korrekt implementiert wird.
- **Entwickler:** Verantwortlich für die Umsetzung der Aufgaben im Sprint-Backlog.

Es ist wichtig, dass das Team cross-funktional ist, also alle notwendigen Fähigkeiten im Team vorhanden sind, um die Anforderungen umzusetzen. Dadurch wird die Abhängigkeit von externen Ressourcen minimiert.

Sprint-Planung

Der Sprint-Planungsprozess beginnt mit der Auswahl der User Stories, die im kommenden Sprint bearbeitet werden sollen. Dies geschieht basierend auf der Priorisierung durch den Product Owner und der Kapazität des Entwicklerteams.

- Wählen Sie die am höchsten priorisierten User Stories aus dem Projekt-Backlog.
- Schätzen Sie den Aufwand für jede User Story mittels einer Methode wie Planning Poker.
- Erstellen Sie das Sprint-Backlog mit den ausgewählten und geschätzten User Stories.
- Definieren Sie ein Sprint-Ziel, das am Ende des Sprints erreicht werden soll.

Die Sprint-Planung ist entscheidend für den Erfolg eines Sprints. Ein gut geplantes Sprint-Backlog ermöglicht es dem Team, fokussiert und zielgerichtet zu arbeiten.

Durchführung des Sprints

Während des Sprints arbeitet das Scrum-Team täglich daran, die Aufgaben im Sprint-Backlog zu bearbeiten. Der Daily Scrum hilft dem Team dabei, den Fortschritt zu prüfen und Hindernisse schnell zu identifizieren.

- **Daily Scrum:** Ein kurzes tägliches Meeting, in dem jedes Teammitglied drei Fragen beantwortet:
    - Was habe ich gestern erreicht?
    - Was werde ich heute erreichen?
    - Gibt es Hindernisse, die mich daran hindern, meine Aufgaben zu erfüllen?
- Umsetzung der User Stories: Die Entwickler arbeiten an den Aufgaben und aktualisieren den Status im Scrum-Board.
- Kontinuierliche Integration und Tests: Sicherstellen, dass alle Teile des Codes nahtlos zusammenarbeiten und die Anforderungen erfüllen.

Sprint Review und Sprint Retrospektive

Am Ende jedes Sprints findet ein Sprint Review und eine Sprint Retrospektive statt. Diese Ereignisse sind entscheidend für die kontinuierliche Verbesserung und Anpassung des Teams und des Produkts.

- **Sprint Review:** Das Team präsentiert das in diesem Sprint entstandene Inkrement den Stakeholdern.

Feedback wird eingeholt und das Projekt-Backlog wird entsprechend aktualisiert.

- **Sprint Retrospektive:** Das Team reflektiert den vergangenen Sprint und identifiziert Möglichkeiten zur Verbesserung von Prozessen und Zusammenarbeit. Dies fördert die kontinuierliche Verbesserung des Teams.

In der Sprint Retrospektive liegt der Fokus darauf, sowohl positive als auch negative Aspekte des Sprints zu betrachten und herauszufinden, wie zukünftige Sprints effizienter gestaltet werden können.

Abschluss und nächste Schritte

Nachdem der Sprint abgeschlossen und die Retrospektive durchgeführt wurde, beginnt der Zyklus von Neuem mit der Planung des nächsten Sprints. Kontinuierliche Verbesserung ist ein zentraler Bestandteil von Scrum, und durch die Iteration von Sprints wird das Produkt schrittweise verbessert.

Indem Sie diesen Prozess in einem einfachen Scrum-Projekt umsetzen, gewinnen Sie wertvolle Erfahrungen und Einblicke, die Ihnen helfen, die Prinzipien und Praktiken von Scrum tief zu verstehen und anzuwenden. Diese Übung wird Ihre Vorbereitung auf die PSD-Zertifizierung erheblich verbessern und Ihnen helfen, ein effektiver Scrum Developer zu werden.

Scrum ist eine Reise der kontinuierlichen Verbesserung, des Lernens und der Anpassung. Jedes Scrum-Projekt ist eine Gelegenheit, Ihre Fähigkeiten weiterzuentwickeln, die Produktivität zu steigern und Produkte zu liefern, die echten Mehrwert für die Endnutzer darstellen.

Case Study: Scrum in einem Softwareentwicklungsunternehmen

In dieser Fallstudie werden wir die Implementation von Scrum innerhalb eines fiktiven Softwareentwicklungsunternehmens namens "TechWave Solutions" untersuchen. Ziel ist es, die praktischen Herausforderungen und die Lösungen aufzuzeigen, die bei der Einführung von Scrum in einem realen Kontext auftreten können. Dabei werden wir die verschiedenen Phasen und Artefakte des Scrum Frameworks detailliert betrachten und analysieren, wie sie effektiv genutzt werden, um die Produktivität und Qualität der Software-Entwicklung zu steigern.

Überblick über TechWave Solutions

TechWave Solutions ist ein mittelgroßes Softwareentwicklungsunternehmen, das sich auf die Entwicklung maßgeschneiderter Webanwendungen spezialisiert hat. Das Unternehmen beschäftigt etwa 50 Mitarbeiter, darunter Entwickler, Tester, Designer und Projektmanager. Bevor Scrum eingeführt wurde, benutzte TechWave Solutions ein traditionelles Wasserfallmodell für die Projektabwicklung. Die Entscheidung zur Einführung von Scrum wurde getroffen, um die Flexibilität und Reaktionsfähigkeit auf Kundenanforderungen zu erhöhen und gleichzeitig die Qualität der Softwareprodukte zu verbessern.

Scrum-Rollen in TechWave Solutions

Um den Übergang zu Scrum erfolgreich zu gestalten, wurden klare Rollen definiert. Diese umfassen den Product Owner, den Scrum Master und das Entwicklungsteam.

- **Product Owner:** Sarah Müller wurde als Product Owner ernannt. Sie hat die Verantwortung, die Kundenanforderungen zu priorisieren und sicherzustellen, dass das Entwicklungsteam an den wichtigsten Funktionen arbeitet.
- **Scrum Master:** John Meier, ein erfahrener Entwickler mit einer Zertifizierung als Scrum Master, übernahm diese Rolle. John ist dafür verantwortlich, Hindernisse aus dem Weg zu räumen und das Team bei der

Einhaltung der Scrum-Prinzipien zu unterstützen.

- **Entwicklungsteam:** Das Entwicklungsteam besteht aus sechs Entwicklern, zwei Testern und einem Designer. Das Team ist selbstorganisierend und arbeitet eng zusammen, um die Sprint-Ziele zu erreichen.

Initiale Implementierung und Sprint 0

Bevor der erste Sprint begann, führte TechWave Solutions einen sogenannten "Sprint 0" durch. Dieser initiale Sprint diente dazu, die grundlegenden Rahmenbedingungen zu schaffen und das Scrum-Team zu formieren.

- **Schaffung der Infrastruktur:** Das Team richtete die notwendigen Tools für das Projektmanagement, die Versionskontrolle und die Continuous Integration ein. Dazu wurden Tools wie Jira für das Task-Management und Jenkins für Continuous Integration und Continuous Deployment gewählt.
- **Produkt-Backlog erstellen:** Der Product Owner erstellte das initiale Produkt-Backlog, das die Hauptfunktionen und Anforderungen für das Projekt enthielt. Diese Anforderungen wurden in User Stories umgewandelt, um sie besser verständlich und umsetzbar zu machen.

Erster Sprint: Planung und Durchführung

Der erste richtige Sprint begann mit einer Sprint-Planungs-sitzung. In dieser Sitzung definierte das Scrum-Team die Sprint-Ziele und wählte die zu bearbeitenden User Stories aus dem Produkt-Backlog aus.

- **Sprint-Ziel:** Das Hauptziel des ersten Sprints war es, eine grundlegende Benutzerauthentifizierungs-Funktionalität zu entwickeln. Dies schloss die Implementierung von Login- und Registrierungsschnittstellen sowie die Integration von Sicherheitsfeatures ein.
- **Punkte-Schätzung:** Das Team verwendete die Technik des Planning Poker, um die Komplexität der User Stories zu schätzen. Diese Schätzungen halfen dabei, eine realistische Planung für den Sprint zu erstellen.

Tägliche Scrum-Meetings und Team-Dynamik

Tägliche Scrum-Meetings halfen dem Team, den Fortschritt zu überwachen und Probleme frühzeitig zu identifizieren. Während dieser Meetings berichtete jedes Teammitglied über seine Fortschritte, bevorstehende Aufgaben und Hindernisse.

- **Fokussierung auf Team-Zusammenarbeit:** Die Selbstorganisation des Teams förderte eine starke Zusammenarbeit und erhöhte die collective ownership des Projekts. Entwickler und Tester arbeiteten Hand in Hand, um sicherzustellen, dass alle Anforderungen des Sprint-Ziels erfüllt wurden.

- **Behandlung von Hindernissen:** Der Scrum Master spielte eine entscheidende Rolle bei der Beseitigung von Hindernissen. Ein Problem, das schnell gelöst werden musste, war die Konfiguration einer sicheren Verbindung zur Datenbank. John nahm die Herausforderung an und konnte das Problem innerhalb eines Tages lösen, sodass das Team weiterarbeiten konnte.

Sprint Review und Produkt-Backlog-Refinement

Am Ende des Sprints fand eine Sprint Review statt. Während dieses Meetings präsentierte das Team die erreichten Ergebnisse und demonstrierte die Arbeitsversion der Authentifizierungsfunktionalität.

- **Feedback-Runde:** Der Product Owner und die Stakeholder gaben wertvolles Feedback zu den entwickelten Funktionen. Dies half dem Team, die nächsten Schritte besser zu planen und eventuelle Änderungen zu berücksichtigen, die benötigt wurden.
- **Refinement des Produkt-Backlogs:** Basierend auf dem erhaltenen Feedback und den während des Sprints gemachten Erfahrungen aktualisierte der Product Owner das Produkt-Backlog.

Retrospektive und kontinuierliche Verbesserung

Die Sprint-Retrospektive diente als Forum, um das bisherige Vorgehen zu bewerten und Verbesserungsmöglichkeiten zu identifizieren. Das Team diskutierte, was gut gelaufen war und was verbessert werden könnte.

- **Lessons Learned:** Eines der Haupterkenntnisse war die Notwendigkeit, die Kommunikation zwischen Entwicklern und Testern weiter zu verbessern, um Missverständnisse früh zu vermeiden und die Effizienz zu steigern.
- **Action Items:** Das Team beschloss, spezifische Maßnahmen zu ergreifen, inklusive der Implementierung zusätzlicher Code-Reviews und Pair Programming-Sessions, um die Codequalität kontinuierlich zu verbessern.

Abschlussbetrachtung

Die Einführung von Scrum bei TechWave Solutions führte zu spürbaren Verbesserungen in der Effizienz und Qualität der Software-Entwicklung. Die regelmäßigen Scrum-Meetings und die Selbstorganisation des Teams ermöglichten eine flexible und effektive Arbeitsweise, die gut auf die sich ändernden Anforderungen der Kunden reagieren konnte. Durch die Iteration von Sprints und die kontinuierliche Verbesserung konnte TechWave Solutions nicht nur die

Produktqualität steigern, sondern auch die Zufriedenheit der Kunden erheblich verbessern.

Diese Fallstudie zeigt eindrucksvoll, wie die Umsetzung von Scrum in einem realen Softwareentwicklungsunternehmen aussehen kann. Die klar definierten Rollen und Verantwortlichkeiten, kombiniert mit den regelmäßigen Meetings und den iterativen Verbesserungsprozessen, führten zu einer optimierten Arbeitsumgebung und höherer Produktivität. Diese Erkenntnisse und Praktiken können als wertvolle Referenz für andere Unternehmen dienen, die Scrum in Ihrer Organisation einführen möchten.

Übungen zu Sprint-Planung und Sprint-Durchführung

Die Sprint-Planung und die Sprint-Durchführung sind essentielle Bestandteile des Scrum-Prozesses, die über den Erfolg oder Misserfolg eines Projekts entscheiden können. In diesem Unterkapitel werden wir Ihnen praxisnahe Übungen und Fallstudien zur Verfügung stellen, die Ihnen helfen, diese wichtigen Scrum-Ereignisse gründlich zu verstehen und effektiv umzusetzen. Wir legen besonderen Wert auf die Entwicklung eines praktischen Verständnisses, das in realen Projekten angewendet werden kann.

Übung 1: Vorbereitung und Durchführung einer Sprint-Planung

Ziel dieser Übung ist es, ein fiktives Projekt zu planen und die ersten Schritte zur Sprint-Planung durchzuführen. Diese Übung hilft Ihnen, das Konzept des Sprint-Planungs-Meetings gründlich zu verstehen und anzuwenden.

- **Schritt 1: Festlegung des Sprint-Ziels** Beginnen Sie damit, ein klares Sprint-Ziel zu definieren. Ein Sprint-Ziel ist eine einfache, übergeordnete Beschreibung dessen, was das Team im Sprint erreichen will.
- **Schritt 2: Auswahl der Backlog-Items** Wählen Sie die wichtigsten Einträge aus dem Produkt-Backlog aus, die zum Sprint-Ziel beitragen. Es ist wichtig, dass alle Teammitglieder diese Auswahl verstehen und sich darüber einig sind.
- **Schritt 3: Zerlegung der Backlog-Items** Zerlegen Sie die ausgewählten Backlog-Items in kleinere, machbare Aufgaben oder User Stories. Dies erleichtert es dem Team, den Fortschritt zu verfolgen und Hindernisse frühzeitig zu erkennen.
- **Schritt 4: Schätzung der Aufgaben** Schätzen Sie den Aufwand für jede Aufgabe mithilfe von Techniken wie Planning Poker oder T-Shirt-

Größen. Dies hilft dem Team, die Arbeit innerhalb des Sprints realistisch zu planen.

- **Schritt 5: Erstellung des Sprint-Backlogs** Erstellen Sie ein Sprint-Backlog, das alle Aufgaben und deren Schätzungen enthält. Dieses Dokument wird während des Sprints als Referenz verwendet.

Fallstudie: Sprint-Planung in der Praxis

Nehmen wir an, Sie arbeiten in einem Softwareentwicklungsunternehmen und planen den ersten Sprint eines neuen Projekts, das eine mobile Anwendung zur Verwaltung persönlicher Finanzen entwickeln soll. Sie beginnen mit einer Produkthierarchie, die Features wie Transaktionsverfolgung, Budgetierung und Berichte umfasst.

- Das Team setzt sich zusammen, um ein Sprint-Ziel zu definieren: "Implementierung der Basisfunktionalität zur Transaktionsverfolgung."
- Es werden die wichtigsten Backlog-Items ausgewählt, die notwendig sind, um dieses Ziel zu erreichen.
- Die Einträge werden in kleinere Aufgaben aufgeteilt, etwa "Design der Benutzeroberfläche für Transaktionen", "Backend-Logik zur Verarbeitung von Transaktionen" und "Integration der Transaktionen mit der Datenbank."
- Die Aufgaben werden mit Planning Poker geschätzt. Dabei stellt sich heraus, dass die geschätzte

Arbeitslast in Einheiten von Story Points den verfügbaren Sprint-Kapazitäten entspricht.
- Ein Sprint-Backlog wird erstellt, das alle Aufgaben und Schätzungen dokumentiert.

Nach diesem Prozess hat das Team eine klare Orientierung und kann sofort mit der Arbeit beginnen.

Übung 2: Durchführung eines Sprints

Im nächsten Schritt geht es um die eigentliche Durchführung eines Sprints. Hier sind einige Übungen, die Ihnen dabei helfen werden, effektiv durch den Sprint zu navigieren und die wichtigsten Scrum-Prinzipien zu implementieren:

- **Schritt 1: Tägliche Stand-up-Meetings** Halten Sie täglich kurze (15-minütige) Stand-up-Meetings ab, in denen jedes Teammitglied drei Fragen beantwortet: Was habe ich seit dem letzten Meeting gemacht? Was werde ich bis zum nächsten Meeting machen? Welche Hindernisse stehen mir im Weg?
- **Schritt 2: Fortschrittskontrolle** Verwenden Sie ein Burndown-Chart, um den Fortschritt des Teams zu verfolgen. Es hilft Ihnen, jederzeit den Status des Sprints zu überwachen und bei Bedarf Anpassungen vorzunehmen.
- **Schritt 3: Anpassung des Sprint-Backlogs** Überarbeiten und aktualisieren Sie das Sprint-Backlog bei Bedarf. Neue Erkenntnisse während des Sprints

können dazu führen, dass bestimmte Aufgaben angepasst oder Prioritäten geändert werden müssen.

- **Schritt 4: Kontrolle der Inkremente**
  Jedes fertige Inkrement sollte am Ende des Sprints potentiell auslieferbar sein. Dies bedeutet, dass alle Arbeiten, die notwendig sind, um eine User Story abzuschließen, wirklich abgeschlossen sind, einschließlich Tests und Reviews.

- **Schritt 5: Durchführung eines Sprint-Reviews**
  Am Ende eines Sprints halten Sie ein Sprint-Review-Meeting ab, um das fertige Inkrement zu demonstrieren und Feedback von Stakeholdern zu sammeln. Verwenden Sie das Feedback, um den Produkt-Backlog für zukünftige Sprints anzupassen.

Fallstudie: Sprint-Durchführung in der Praxis

Angenommen, Ihr Team hat den Sprint-Backlog für die Transaktionsverfolgungs-App erfolgreich erstellt. Nun beginnt die richtige Arbeit im Sprint:

- Tägliche Stand-up-Meetings werden pünktlich morgens abgehalten. Jedes Teammitglied berichtet kurz und prägnant, was es gemacht hat, was es machen wird und ob es Hindernisse gibt.

- Ein Burndown-Chart wird verwendet, um den Fortschritt zu verfolgen. In der Mitte des Sprints bemerken Sie, dass einige Aufgaben schneller erledigt werden als erwartet. Daraufhin wird beschlossen, einige zusätzliche Stories aus dem Produkt-Backlog hinzuzufügen.

- Während der Entwicklung wird das Sprint-Backlog laufend angepasst. Eines der Teammitglieder entdeckt eine kritische Abhängigkeit, die dazu führt, dass eine andere Aufgabe vorgezogen werden muss.
- Am Ende jedes Tages überprüft das Team die abgeschlossenen Aufgaben und stellt sicher, dass alle notwendigen Tests durchgeführt und Reviews abgeschlossen sind.
- Das Sprint-Review-Meeting wird abgehalten, bei dem das Team das funktionierende Inkrement vorführt und wertvolles Feedback von Stakeholdern einholt. Basierend auf diesem Feedback wird der Produkt-Backlog für den nächsten Sprint angepasst.

Durch diese systematische und planmäßige Durchführung des Sprints stellt das Team sicher, dass es auf Kurs bleibt und wertvolle Software in kleinen, inkrementellen Stücken liefert.

Schlussfolgerung

Durch die hier beschriebenen praktischen Übungen und Fallstudien erhalten Sie ein tiefgehendes Verständnis der Sprint-Planung und -Durchführung. Diese Kenntnisse sind unerlässlich für die erfolgreiche Umsetzung von Scrum-

Projekten und werden Ihnen helfen, als Professional Scrum Developer effektiv und effizient zu arbeiten. Nutzen Sie diese Übungen, um Ihre Fertigkeiten zu verfeinern und sich bestens auf die PSD-Zertifizierung vorzubereiten.

Retro-Perspektiven und kontinuierliche Verbesserungs-Workshops

Ein zentraler Aspekt von Scrum und anderen agilen Methodologien ist das kontinuierliche Streben nach Verbesserung. Dies wird hauptsächlich durch Retrospektiven und kontinuierliche Verbesserungs-Workshops erreicht. Diese Werkzeuge ermöglichen es den Teams, innezuhalten, ihre Arbeit zu reflektieren und Maßnahmen zu ergreifen, um ihre Prozesse zu verfeinern und ihre Effizienz zu steigern. In diesem Unterkapitel werden wir erkunden, wie Sie Retrospektiven effektiv nutzen und kontinuierliche Verbesserungs-Workshops durchführen können, um die Leistung Ihres Teams zu optimieren.

1. Die Wichtigkeit der Retrospektive

Retrospektiven sind ein Kernelement des Scrum-Frameworks und finden am Ende jedes Sprints statt. Ihr Hauptzweck ist es, das Team zu ermutigen, zu evaluieren, was im letzten Sprint gut gelaufen ist, welche Herausforderungen aufgetreten sind und wo Verbesserungsmöglichkeiten bestehen. Brian Marick, einer der Autoren des Agilen Manifests, betont: "Retrospektiven sind der Motor der agilen Verbesserung."

Scrum Guide (2020) spezifiziert, dass die Sprint Retrospektive "eine Gelegenheit [bietet] für das Scrum Team, sich selbst zu inspizieren und einen Plan zu erstellen, der Verbesserungen für den nächsten Sprint umsetzt." Dabei werden drei hauptsächliche Fragen betrachtet:
- Was lief gut in Bezug auf die Zusammenarbeit und die Implementierung der Ziele?
- Was hätte besser laufen können?
- Welche konkreten Maßnahmen können wir ergreifen, um uns zu verbessern?

2. Aufbau einer effektiven Retrospektive

Um eine Retrospektive effizient und produktiv zu gestalten, empfiehlt es sich, einer bewährten Struktur zu folgen. Ein verbreitetes Format besteht aus fünf Phasen:
1. **Einführung und Check-In:** Der Scrum Master beginnt die Sitzung, indem er den Zweck und die Bedeutung

der Retrospektive erläutert und das Team auf die bevorstehenden Diskussionen vorbereitet.

2. **Datensammlung:** In dieser Phase sammelt das Team Daten und Eindrücke aus dem jüngsten Sprint. Whiteboards, Post-its oder digitale Tools wie Miro können verwendet werden, um Meinungen und Beobachtungen sichtbar zu machen.

3. **Einsichten entwickeln:** Das Team analysiert die gesammelten Daten und identifiziert Muster oder Hauptthemen. Fragen wie "Warum ist das passiert?" und "Wie wirkt sich das auf unsere Arbeit aus?" sind hilfreich.

4. **Entscheidungen treffen und Maßnahmen planen:** Basierend auf den Einsichten beschließt das Team konkrete Maßnahmen für den nächsten Sprint. Diese Schritte sollten spezifisch, messbar und erreichbar sein.

5. **Abschluss:** Die Retrospektive endet mit einer Zusammenfassung der besprochenen Punkte und der vereinbarten Maßnahmen sowie einer Überprüfung der Sitzung selbst.

3. Kontinuierliche Verbesserungs-Workshops

Während Retrospektiven sich hauptsächlich auf die Reflexion von abgeschlossenen Sprints konzentrieren, sind kontinuierliche Verbesserungs-Workshops breiter gefächert und zielen oft auf langfristige Verbesserungsinitiativen ab. Diese Workshops können periodisch stattfinden oder bei Bedarf einberufen werden, um spezifische Herausforderungen anzugehen.

Ein kontinuierlicher Verbesserungs-Workshop könnte beispielsweise auf Themen wie die Optimierung der Codequalität, die Verbesserung der Teamkommunikation oder eine effizientere Nutzung von Tools und Technologien abzielen. Gemäß "Kaizen" – einer japanischen Philosophie der kontinuierlichen Verbesserung – ist es wichtig, dass das Team stets an der Verbesserung seiner Prozesse arbeitet. Kaizen besagt: "Der Fokus liegt nicht auf den Ergebnissen, sondern auf dem Prozess."

4. Methoden und Techniken für Verbesserungs-Workshops

Eine effektive Workshop-Methodologie umfasst oftmals Kreativ- und Problemlösungstechniken wie:

- **Brainstorming:** Eine offene Diskussion, bei der alle Teammitglieder ihre Ideen und Vorschläge einbringen können.
- **Mind Mapping:** Eine visuelle Technik zum Strukturieren von Gedanken und Ideen in Beziehung zueinander.

- **SWOT-Analyse:** Eine Untersuchung der Stärken, Schwächen, Chancen und Risiken in den aktuellen Arbeitsprozessen.
- **5-Why-Methode:** Eine Technik, um die zugrunde liegenden Ursachen von Problemen durch wiederholtes Fragen "Warum?" zu identifizieren.

Der Scrum Master oder ein erfahrener Moderator sollte sicherstellen, dass der Workshop effizient abläuft und das Team auf die Erreichung greifbarer Ergebnisse hinarbeitet. Ein klarer Aktionsplan sollte das Ergebnis eines jeden Workshops sein.

5. Herausforderungen und Best Practices

Der Erfolg von Retrospektiven und kontinuierlichen Verbesserungs-Workshops hängt von mehreren Faktoren ab. Einige der häufigsten Herausforderungen und die dazugehörigen Best Practices umfassen:

- **Teilnahme und Engagement:** Es ist entscheidend, dass alle Teammitglieder aktiv teilnehmen und sich engagieren. Der Scrum Master kann dies fördern, indem er eine offene und vertrauensvolle Umgebung schafft.
- **Relevanz und Fokus:** Die Sitzungen sollten thematisch relevant und fokussiert bleiben, um das Beste aus der begrenzten Zeit herauszuholen.

- **Umsetzbarkeit der Ideen:** Es sollten nur Maßnahmen entscheiden werden, die tatsächlich umsetzbar sind. Unrealistische Vorschläge können frustrierend sein und die Motivation des Teams beeinträchtigen.
- **Nachverfolgung:** Ein häufiges Problem ist das Fehlen der Nachverfolgung. Das Team sollte sicherstellen, dass Maßnahmen aus den Retrospektiven und Workshops konsequent verfolgt und deren Umsetzung überprüft werden.

Insgesamt sind Retro-Perspektiven und kontinuierliche Verbesserungs-Workshops unverzichtbare Werkzeuge zur Förderung der Teameffizienz und Prozessoptimierung in Scrum-Projekten. Durch gezielte Reflexion und effektive Maßnahmenplanung können Teams systematisch an der Verbesserung ihrer Arbeitsweise arbeiten und so langfristig erfolgreich bleiben. David J. Anderson, ein Vordenker im Bereich agiler Methoden, fasst dies prägnant zusammen: "Immer wieder innehalten und reflektieren; das ist das Herz der kontinuierlichen Verbesserung."

Tipps und Strategien zur erfolgreichen Prüfungsvorbereitung

Effektive Lernmethoden und Ressourcen

Die Vorbereitung auf die PSD-Zertifizierung (Professional Scrum Developer) ist ein intensiver Prozess, der nicht nur theoretisches Wissen erfordert, sondern auch praktische Fähigkeiten und ein tiefes Verständnis des Scrum Frameworks. Effektive Lernmethoden und die Nutzung hochwertiger Ressourcen spielen in diesem Prozess eine entscheidende Rolle. In diesem Unterkapitel werden wir die effektivsten Lerntechniken und die besten Ressourcen identifizieren und analysieren, um Ihnen den Weg zur erfolgreichen Zertifizierung zu erleichtern.

Lernen durch Praxis: Die Bedeutung praktischer Übung

Eines der wichtigsten Prinzipien beim Erlernen von Scrum und der Vorbereitung auf die PSD-Zertifizierung ist das Lernen durch Praxis. Scrum ist ein Framework, das in realen

Projekten angewendet wird, und es ist unerlässlich, die Theorie in die Praxis umzusetzen. Machen Sie sich mit den häufig genutzten Werkzeugen und Techniken vertraut, wie z.B. Test Driven Development (TDD) und Continuous Integration (CI).

"Tell me and I forget, teach me and I may remember, involve me and I learn." - Benjamin Franklin

Dieser bekannte Ausspruch weist auf die Bedeutung von aktivem Lernen hin. Scrum-Teamarbeit, das Durchführen von Sprints und das Arbeiten an echten Projekten werden Ihr Verständnis erheblich vertiefen. Nutzen Sie Plattformen wie GitHub, um an Open-Source-Projekten teilzunehmen und Ihre Fähigkeiten in einer kollaborativen Umgebung zu testen.

Wiederholung und Vertiefung: Effektiver Umgang mit Lernstoff

Die Wiederholung von Lernstoff hilft dabei, diesen zu verinnerlichen und das Verständnis zu festigen. Eine effektive Methode ist das sogenannte 'Spaced Repetition System' (SRS), welches darauf abzielt, Lerninhalte in bestimmten zeitlichen Abständen zu wiederholen. Tools wie Anki oder Quizlet sind hier besonders hilfreich und unterstützen das systematische Lernen von Scrum-Prinzipien und Begriffen.

Ein weiterer Ansatz zur Vertiefung des Lernstoffs sind Mindmaps. Diese helfen dabei, komplexe Zusammenhänge verständlich darzustellen und das Gelernte visuell zu strukturieren. Auf diese Weise können Sie die Elemente des Scrum Frameworks, die Rollen und Verantwortlichkeiten sowie die Scrum-Ereignisse klar und übersichtlich verinnerlichen.

Nutzung hochwertiger Ressourcen: Bücher, Kurse und Online-Materialien

Es gibt eine Vielzahl von hervorragenden Quellen, die Ihnen bei der Vorbereitung auf die PSD-Zertifizierung helfen können. Hierzu gehören Fachbücher, Online-Kurse und speziell entwickelte Übungsmaterialien. Besonders zu empfehlen sind die offiziellen Ressourcen von Scrum.org, da diese direkt auf die Anforderungen der Zertifizierung zugeschnitten sind.

Empfohlene Fachbücher umfassen:

- "Scrum - A Pocket Guide" von Gunther Verheyen. Dieses Buch bietet eine kompakte Einführung in Scrum und behandelt alle grundlegenden Prinzipien und Praktiken.
- "Scrum: The Art of Doing Twice the Work in Half the Time" von Jeff Sutherland. Als Mitbegründer von Scrum bietet Jeff Sutherland tiefe Einblicke in die Entwicklung und Anwendung des Frameworks.

Online-Kurse und Plattformen wie Coursera, Udemy oder Pluralsight bieten umfangreiche Lehrmaterialien und Übungsaufgaben, die sich ideal zur Vorbereitung eignen. Achten Sie hierbei auf Kurse, die von anerkannten Scrum-Experten angeboten werden.

Gemeinschaft und Austausch: Lernen von und mit anderen

Ein oft unterschätzter Aspekt der Lernvorbereitung ist der Austausch mit Gleichgesinnten. Scrum-Meetups, Workshops und Online-Communities bieten ausgezeichnete Gelegenheiten, sich mit anderen Anwendern auszutauschen, Fragen zu stellen und wertvolle Tipps zu erhalten. Plattformen wie LinkedIn oder spezielle Foren wie das von Scrum.org sind hier besonders hilfreich.

Teilnehmen an Scrum User Groups (SUGs) und Foren bietet nicht nur die Möglichkeit, Erfahrungen und Best Practices zu teilen, sondern auch von den Fehlern und Erfolgen anderer zu lernen. Diese kollektive Intelligenz kann extrem wertvoll sein und Ihnen neue Perspektiven und Lösungsansätze eröffnen.

Zu guter Letzt ist es wichtig, sich kontinuierlich weiterzubilden und auf Veränderungen und Aktualisierungen im Scrum Framework zu achten. Dies kann durch regelmäßige

Lektüre von Blogs, Fachzeitschriften und der Teilnahme an Fachkonferenzen erfolgen.

Zusammengefasst lässt sich sagen, dass die Kombination aus theoretischer Wissenserweiterung, praktischen Übungen, systematischer Wiederholung, hochwertigen Ressourcen und aktivem Austausch mit der Community die effektivste Methode darstellt, um sich erfolgreich auf die PSD-Zertifizierung vorzubereiten. Indem Sie diese Strategien konsequent verfolgen, schaffen Sie eine solide Grundlage für Ihr Scrum-Wissen und Ihre zukünftige Karriere als Professional Scrum Developer.

Zeitmanagement und Prüfungssimulationen

Eine erfolgreiche Vorbereitung auf die Professional Scrum Developer (PSD) Zertifizierungsprüfung erfordert nicht nur das Verständnis und die Anwendung von Scrum-Konzepten, sondern auch effektives Zeitmanagement und die Durchführung von Prüfungssimulationen. Diese beiden Aspekte sind entscheidend, um die Prüfungsanforderungen vollständig zu erfüllen und Ihre Erfolgschancen zu maximieren.

Effektives Zeitmanagement

Die Prüfung zur PSD-Zertifizierung ist zeitlich begrenzt, was bedeutet, dass Sie nicht unbegrenzt Zeit haben, um jede Frage zu beantworten. Daher ist es wichtig, eine klare Strategie für das Zeitmanagement zu entwickeln.

Beginnen Sie damit, einen realistischen Lernplan zu erstellen, der auf Ihre individuellen Bedürfnisse und Verpflichtungen zugeschnitten ist. Bestimmen Sie spezifische Zeiten und Tage für Ihr Studium und stellen Sie sicher, dass Sie diese Zeiten konsequent einhalten. Eine weit verbreitete Methode ist die Pomodoro-Technik, bei der Sie 25 Minuten ungestört lernen und dann eine fünfminütige Pause einlegen. Nach vier Pomodoro-Sitzungen machen Sie eine längere Pause von 15 bis 30 Minuten.

Ein weiterer entscheidender Aspekt des Zeitmanagements ist die Priorisierung der Lerninhalte. Konzentrieren Sie sich zunächst auf die Bereiche, in denen Sie sich weniger sicher fühlen oder die am meisten gewichtet sind. Ebenso sollten Sie sicherstellen, dass Sie genügend Zeit für die Wiederholung des Materials einplanen, insbesondere in den Tagen kurz vor der Prüfung.

Prüfungssimulationen

Prüfungssimulationen sind ein wertvolles Werkzeug, um sich auf die tatsächliche Zertifizierungsprüfung vorzubereiten. Eine Prüfungssimulation ahmt die Bedingungen der echten Prüfung so genau wie möglich nach, einschließlich der Anzahl der Fragen und der Zeit, die Sie zur Beantwortung haben.

Durch regelmäßige Durchführung von Prüfungssimulationen können Sie nicht nur den Grad Ihres Wissens evaluieren, sondern auch techniken zur Zeitbewältigung während der Prüfung üben. Es ist ratsam, diese Simulationen unter den gleichen Bedingungen wie die tatsächliche Prüfung durchzuführen, das heißt, ohne Unterbrechungen und mit einem festgelegten Zeitlimit.

Es gibt zahlreiche Ressourcen online, die man für solche Simulationen nutzen kann. Webseiten wie Scrum.org bieten offizielle Übungsfragen und Simulationen, die den tatsächlichen Prüfungen ähneln. Darüber hinaus gibt es verschiedene Bücher und Foren, in denen Sie zusätzliche Übungsfragen finden können. Achten Sie darauf, dass diese Fragen auf dem neuesten Stand sind und den neuesten Prüfungsrichtlinien entsprechen.

Psychohygiene und mentale Vorbereitung

Die mentale Vorbereitung spielt ebenso eine wichtige Rolle. Sorgen Sie dafür, dass Sie gut ausgeruht und entspannt sind. Die richtige Ernährung und ausreichend Schlaf sind ebenso wichtig wie das Lernen selbst. Vermeiden Sie es, in den Tagen vor der Prüfung zu viel neuen Stoff zu lernen; konzentrieren Sie sich stattdessen auf das Wiederholen und Festigen bereits erlernter Inhalte.

Atmungstechniken und kurze Meditationen können helfen, den Kopf klar zu halten und Stress abzubauen. Einige Kandidaten finden es auch hilfreich, vor der Prüfungssimulation einen kurzen Spaziergang zu machen oder leichte Übungen durchzuführen, um den Kreislauf in Schwung zu bringen und die Konzentration zu fördern.

Nutzen von Feedback und Verbesserungsanalysen

Nach jeder Prüfungssimulation sollten Sie Ihre Ergebnisse sorgfältig analysieren. Machen Sie sich Notizen zu den Fragen, bei denen Sie unsicher waren oder Fehler gemacht haben, und verknüpfen Sie dies mit den entsprechenden Lernmaterialien. Ein detailliertes Verständnis der falschen Antworten kann oft mehr Lerninhalt vermitteln als die richtigen Antworten.

Es ist auch hilfreich, das Feedback von Mentoren oder Studiengruppen zu nutzen. Ein frischer Blick auf Ihre

Antworten kann Ihnen neue Perspektiven bieten und eventuell notwendige Korrekturen aufzeigen.

Zusammenfassend kann gesagt werden, dass ein durchdachtes Zeitmanagement und regelmäßige Prüfungssimulationen wesentliche Bestandteile einer effektiven Vorbereitung auf die PSD-Zertifizierungsprüfung sind. Durch die strukturierte Planung, ständige Überprüfung und Korrektur sowie die Anwendung bester Praktiken können Sie Ihre Erfolgschancen erheblich steigern. Diese Techniken und Strategien legen das Fundament für eine stressfreiere Prüfungsphase und optimalen Lernerfolg.

Zitate:
- Scrum.org, „Official Online Assessments for Scrum," https://www.scrum.org/Assessments.

Verständnis der Scrum-Prinzipien und -Theorien

Ein tiefes Verständnis der grundlegenden Prinzipien und Theorien von Scrum ist unerlässlich für die erfolgreiche

Vorbereitung auf die Professional Scrum Developer (PSD) Zertifizierung. Scrum, als agiles Framework, basiert auf einer Reihe von Leitprinzipien und Theorien, die sicherstellen, dass Teams flexibel und effektiv auf Veränderungen reagieren können, während sie kontinuierlich Wert liefern.

1. Empirie als Kern: Beobachten, Anpassen, Lernen

Scrum basiert auf dem empirischen Prozess, der Erkenntnisse aus Erfahrung und experimenteller Beobachtung ableitet. Drei Säulen tragen dieses Fundament: Transparenz, Überprüfung und Anpassung. Transparenz bedeutet, dass alle Aspekte des Prozesses, die den Erfolg beeinflussen, sichtbar sind. Überprüfung erfolgt regelmäßig, um Abweichungen von den Zielvorgaben so früh wie möglich zu identifizieren. Anpassung erfolgt, wenn festgestellt wird, dass ein Prozess außerhalb akzeptabler Grenzen liegt.

Der Schwede Ivar Jacobson hebt in seinem Buch *"The Essence of Software Engineering"* die Bedeutung der Transparenz hervor: "Transparenz ist der Schlüssel, um Probleme schnell zu erkennen und zu lösen." Diese Betonung der Beobachtung und Anpassung macht es möglich, sich kontinuierlich zu verbessern und sicherzustellen, dass der Wertfluss im Projekt nicht unterbrochen wird.

2. Iterative und Inkrementelle Entwicklung

Scrum fördert die iterative und inkrementelle Arbeitsweise. Iterationen (Sprints) sind Zeitrahmen, in denen Arbeitsschritte geplant, ausgeführt und überprüft werden. Jedes Inkrement ist ein potenziell auslieferbares Produkt, das einen Nutzwert für den Kunden darstellt. Kent Beck, einer der Autoren des *Agilen Manifests*, sagt hierzu: "Iterationen ermöglichen es dem Team, regelmäßig Feedback zu erhalten und die Richtung bei Bedarf anzupassen." Die inkrementelle Arbeitsweise stellt sicher, dass immer ein funktionierendes Produkt vorhanden ist, das durch ständige Weiterentwicklung verbessert wird.

3. Selbstorganisierte Teams

Ein weiteres wesentliches Prinzip von Scrum ist das Konzept der selbstorganisierten Teams. Dieses Prinzip besagt, dass Teams am besten wissen, wie sie ihre Arbeit erledigen sollen. Sie treffen Entscheidungen über die beste Herangehensweise und die Aufgabenverteilung eigenständig. In seinem Buch *"Scrum: The Art of Doing Twice the Work in Half the Time"* erklärt Jeff Sutherland: "Selbstorganisation führt zu höherer Motivation und längerfristig zu besseren Lösungen."

4. Cross-funktionale Teams

Scrum-Teams sind typischerweise cross-funktional, was bedeutet, dass sie alle Fähigkeiten besitzen, um ein Produkt von Anfang bis Ende zu liefern, ohne externe Abhängigkeiten. Diese Vielseitigkeit innerhalb des Teams fördert die Flexibilität und reduziert Engpässe. Henrik Kniberg beschreibt in seinem Werk *"Scrum and XP from the Trenches"*, wie „cross-funktionale Teams helfen, die Produktivität zu steigern und die durch fragmentierte Verantwortlichkeiten entstehenden Probleme zu minimieren."

5. Kundenorientierung

Der Fokus auf den Kunden ist zentral für Scrum. Kundenfeedback wird regelmäßig eingeholt und in den Arbeitsprozess integriert. Martin Fowler betont in *"Continuous Delivery: Reliable Software Releases through Build, Test, and Deployment Automation"* den Wert von schnellem und regelmäßigem Feedback: "Ohne regelmäßiges Kundenfeedback können Teams nicht sicherstellen, dass sie auf dem richtigen Weg sind." Dieses Prinzip unterstützt die kontinuierliche Anpassung und Verbesserung des Produkts, um einen maximalen Wert zu liefern.

Zusammenfassend lässt sich sagen, dass ein gründliches Verständnis und die Implementierung der Scrum-Prinzipien und -Theorien die Basis für eine erfolgreiche Scrum-

Praktiker-Karriere bilden. Das Wissen um diese Prinzipien ermöglicht es Ihnen, flexibel und effektiv auf Veränderungen zu reagieren, kontinuierlich Verbesserungen vorzunehmen und letztlich professionelle Exzellenz zu erreichen. Diese Grundlagen bilden das Rückgrat der erfolgreichen Vorbereitung auf die PSD-Zertifizierung und werden Ihnen helfen, das Scrum-Framework nicht nur zu verstehen, sondern auch kompetent anzuwenden.

Wichtige Schlüsselkonzepte und häufige Fallstricke

Das Verständnis und die Anwendung von wichtigen Schlüsselkonzepten sowie das Erkennen häufiger Fallstricke sind entscheidend für den Erfolg bei der Scrum.org Professional Scrum Developer (PSD) Zertifizierungsprüfung. In diesem Unterkapitel werden die unverzichtbaren Konzepte und die typischen Fehler beleuchtet, die Prüflinge vermeiden sollten. Ein fundiertes Wissen über diese Elemente kann den Unterschied zwischen Bestehen und Nichtbestehen der Zertifizierungsprüfung ausmachen.

1. Die Bedeutung von Empirie und Transparenz: Scrum basiert auf den Grundwerten und Prinzipien der empirischen Prozesskontrolle. Empirie bedeutet, dass Wissen aus Erfahrungen gewonnen wird und Entscheidungen auf Grundlage dessen getroffen werden, was bekannt ist. Drei zentrale Säulen tragen zur empirischen Prozesskontrolle bei: Transparenz, Inspektion und Adaption. Missverständnisse bezüglich dieser Konzepte führen häufig zu Fehlern. Transparenz wird gewährleistet, indem alle Aspekte des Prozesses sichtbar gemacht werden, damit alle Beteiligten ein gemeinsames Verständnis teilen können. Fehlende Transparenz kann zu fehlerhaften Inspektionen und entsprechend ungenauen Adaptionen führen.

2. Die Rolle des Scrum-Teams: Die richtige Interpretation und Implementierung der Scrum-Rollen – Product Owner, Scrum Master und Entwicklungsteam – ist entscheidend. Jedes Teammitglied hat spezifische Verantwortlichkeiten, die klar verstanden und beachtet werden müssen. Ein häufiger Fallstrick ist es, wenn Teammitglieder außerhalb ihrer Rollen agieren, was zu Verwirrung und Ineffizienz führt. Ein Scrum Master, der Kontrollfunktionen übernimmt oder ein Product Owner, der nicht ausreichend mit Stakeholdern kommuniziert, sind typische Beispiele für solche Fehlentwicklungen.

3. Iterative und inkrementelle Entwicklung: Scrum fördert die schrittweise Entwicklung von Produkten durch inkrementelle Lieferungen und Iterationen. Ein häufiges Missverständnis besteht darin, dass Prüflinge denken, der Wert des Gesamtergebnisses sei das einzig Wichtige. Der Fokus sollte vielmehr auf dem Fortschritt und der Lieferung von funktionsfähigen Inkrementen liegen, die potenziell auslieferbar und nutzbar sind. Jeder Sprint sollte ein "Done"-Produktinkrement liefern, das einen überprüfbaren und messbaren Fortschritt darstellt.

4. Der Sprint-Zyklus: Ein Sprint ist eine Zeitbox von einem Monat oder weniger, in der ein „Done", verwendbares und potenziell auslieferbares Produktinkrement erstellt wird. Häufige Fehler bestehen darin, die Zeitbox zu überschreiten oder Kanban-Praktiken mit Scrum zu vermischen. Ein Sprint sollte niemals verlängert werden. Stattdessen sollten Anpassungen in zukünftigen Sprints vorgenommen werden.

5. Planung und Schätzung: Effektive Planung und Schätzung sind wesentliche Fähigkeiten. Schätztechniken wie Planning Poker und das Prinzip, nur so weit wie notwendig zu planen, helfen Teams dabei, flexibel zu bleiben und realistische Einschätzungen zu liefern. Ein häufiger Fallstrick ist es, den Aufwand zu unterschätzen oder ungenau zu schätzen, was oft zu unrealistischen Erwartungen und Frustrationen führt. Es ist auch entscheidend, die verschiedenen Flughöhen von Schätzungen zu verstehen – von groben Schätzungen auf Epik-Ebene bis hin zu detaillierten Schätzungen für Aufgaben innerhalb eines Sprints.

6. Technische Exzellenz und Agile Engineering Practices: Techniken wie Test-Driven Development (TDD), Continuous Integration (CI) und Paarprogrammierung sind nicht nur wünschenswert, sondern oft kritisch für den Erfolg in einer agilen Umgebung. Häufige Fallstricke sind hierbei unzureichende Testabdeckung, das Ignorieren von automatisierten Tests oder eine fehlende Integration von CI in den Entwicklungsprozess. Diese Techniken fördern die Qualität und Nachhaltigkeit des Produkts.

7. Effektive Nutzung der Scrum-Artefakte: Zum Verständnis von Scrum gehört auch das tiefgreifende Wissen über die korrekte Anwendung der Scrum-Artefakte wie Product Backlog, Sprint Backlog und Inkrement. Jeder dieser Artefakte hat seinen eigenen Zweck und sollte im Sinne der Transparenz korrekt genutzt werden. Ein häufig auftretender Fehler ist die unzureichende Pflege und ständige Aktualisierung dieser Artefakte, was zu Missverständnissen und mangelnder Transparenz führen kann.

8. Die fünf Scrum-Werte: Engagement, Mut, Fokus, Offenheit und Respekt sind die zentralen Werte, die Scrum-Teams annehmen und leben sollten. Ein verbreiteter Fallstrick ist es, diese Werte zu ignorieren oder nicht vollständig zu integrieren, was zu einem ineffektiven Teamverhalten führt. Diese Werte fördern ein Arbeitsumfeld, in dem Teams erfolgreich und nachhaltig arbeiten können.

Abschließend ist es entscheidend, die Bandbreite der in Scrum involvierten Schlüsselkonzepte vollständig zu verstehen und die typischen Fallstricke, auf die man stoßen könnte, zu erkennen und zu vermeiden. Mit dieser fundierten Vorbereitung erhöhen Prüflinge ihre Chancen, die PSD-Zertifizierung erfolgreich zu bestehen, und sind besser gerüstet, Scrum in der Praxis effektiv anzuwenden.

Zitat: „Transparency ensures that aspects of the process that affect the outcome must be visible to those managing the outcomes." – The Scrum Guide.

Ressourcen und weiterführende Literatur für Scrum Developer

Offizielle Scrum.org Ressourcen

Wenn Sie sich auf die Professional Scrum Developer (PSD) Zertifizierung vorbereiten, werden offizielle Ressourcen von Scrum.org von unschätzbarem Wert sein. Diese Ressourcen bieten nicht nur eine solide Grundlage in den Prinzipien und Methoden von Scrum, sondern sie sind auch speziell darauf ausgerichtet, Ihnen bei der Vorbereitung auf die PSD-Prüfung zu helfen. Hier geben wir einen detaillierten Überblick über die wichtigsten offiziellen Ressourcen, die Ihnen zur Verfügung stehen.

Scrum Guide

Der Scrum Guide ist das Herzstück der offiziellen Scrum-Ressourcen und wurde von den Scrum-Begründern Ken Schwaber und Jeff Sutherland verfasst. Dies ist das primäre Dokument, das die Definition von Scrum erklärt und beschreibt, wie Scrum funktioniert. Es umfasst alle wesentlichen Aspekte von Scrum, einschließlich der drei Rollen (Product Owner, Scrum Master und Developer), der fünf Ereignisse (Sprint, Sprint Planning, Daily Scrum, Sprint Review und Sprint Retrospective) und der drei Artefakte (Product Backlog, Sprint Backlog und Increment). Der Scrum Guide ist ein Muss für jeden angehenden Scrum Developer und sollte gründlich studiert werden.

Quelle: Schwaber, K., & Sutherland, J. (2020). The Scrum Guide: The Definitive Guide to Scrum: The Rules of the Game

Scrum Glossary

Ein weiteres wichtiges Dokument ist das <u>Scrum Glossary</u>. Es bietet eine umfassende Liste von Begriffen und Definitionen, die in Scrum häufig verwendet werden. Das Glossar hilft dabei, ein einheitliches Verständnis der Scrum-Terminologie zu entwickeln und stellt sicher, dass Sie die Sprache von Scrum fließend beherrschen. Besonders für die Prüfungsvorbereitung ist es unerlässlich, die Begriffe und deren Bedeutung zu kennen.

Open Assessments

Scrum.org bietet eine Reihe von <u>Open Assessments</u> an, die frei zugänglich sind. Diese Assessments bieten Ihnen die Möglichkeit, Ihr Wissen über Scrum zu testen und ein Gefühl für die Struktur und den Stil der Fragen zu bekommen, die in der PSD-Prüfung gestellt werden können. Es ist ratsam, diese Assessments regelmäßig zu absolvieren, um Wissenslücken zu identifizieren und Ihr Verständnis der Scrum-Prinzipien zu vertiefen.

Learning Path: Professional Scrum Developer™

Scrum.org bietet zudem einen speziellen <u>Learning Path für Professional Scrum Developer™</u> an. Dieser Lernpfad ist speziell auf die Vorbereitung der PSD-Zertifizierung abgestimmt und bietet eine strukturierte Übersicht über die Lernmaterialien und -aktivitäten, die Sie durchlaufen sollten. Er umfasst Theorie, praktische Übungen und Beispieltests, die Ihnen helfen, die für die PSD-Zertifizierung notwendigen Fähigkeiten zu entwickeln und zu verfeinern.

Professional Scrum Developer™ Workshop

Eine der effektivsten Möglichkeiten, sich auf die PSD-Zertifizierung vorzubereiten, ist die Teilnahme an einem <u>Professional Scrum Developer™ Workshop</u>. Diese Workshops werden von zertifizierten Scrum-Trainern (Professional Scrum Trainers, PSTs) durchgeführt und bieten eine intensive, praxisorientierte Lernerfahrung. In diesen Workshops arbeiten Sie in Teams und wenden Scrum in realitätsnahen Entwicklungsprojekten an. Die Workshops decken fortgeschrittene Scrum-Techniken, Test Driven Development (TDD), Continuous Integration (CI) und andere relevante Praktiken ab, die für einen Scrum Developer von entscheidender Bedeutung sind.

Webinare und Podcasts

Scrum.org bietet regelmäßig <u>Webinare und Podcasts</u> zu verschiedenen Scrum-bezogenen Themen an. Diese Ressourcen sind eine wertvolle Ergänzung zu Ihrer schriftlichen Literatur und den praktischen Übungen. Webinare bieten die Möglichkeit, von Experten zu lernen und Fragen in Echtzeit zu stellen, während Podcasts flexibel in Ihren Alltag integriert werden können, um kontinuierliches Lernen zu ermöglichen.

Blogs und Artikel

Der <u>Scrum.org Blog</u> ist eine weitere wertvolle Ressource. Hier finden Sie Artikel und Beiträge von erfahrenen Scrum-Professionals und Trainern zu den neuesten Entwicklungen, Best Practices und Herausforderungen im Scrum-Umfeld. Das Lesen dieser Artikel kann Ihnen helfen, Ihr Wissen zu erweitern und verschiedene Perspektiven auf die Anwendung von Scrum in der Praxis zu gewinnen.

Zusammengefasst bieten die offiziellen Scrum.org-Ressourcen eine umfassende Grundlage für Ihre Vorbereitung auf die PSD-Zertifizierung. Indem Sie diese Ressourcen systematisch nutzen und mit anderen Lernmethoden kombinieren, maximieren Sie Ihre Chancen, die Prüfung erfolgreich zu bestehen und ein kompetenter Scrum Developer zu werden.

Quelle: Scrum.org. (2023). Retrieved from https://www.scrum.org

Fachbücher und wissenschaftliche Artikel

Ein guter Scrum Developer zeichnet sich durch umfassendes Wissen und eine fundierte theoretische Basis aus. Die Rolle des Professional Scrum Developers (PSD) erfordert ein tiefes Verständnis der Prinzipien und Praktiken, die dem Scrum-Framework zugrunde liegen. Ein unverzichtbarer Bestandteil dieser Wissensgrundlage ist das Studium von Fachbüchern und wissenschaftlichen Artikeln. In diesem Unterkapitel werden wir eine Auswahl an Büchern und akademischen Schriften vorstellen, die Ihnen helfen können, Ihr Wissen zu vertiefen und Ihre Fähigkeiten zu erweitern.

1. "Scrum: The Art of Doing Twice the Work in Half the Time" von Jeff Sutherland

Jeff Sutherland, einer der Mitbegründer von Scrum, liefert in seinem Buch nicht nur eine Einführung in die Methodik, sondern beleuchtet auch die philosophischen Grundlagen. Sutherlands praxisnahe Beispiele und die Darstellung der Evolution von Scrum machen dieses Buch zu einem Muss für jeden angehenden PSD. Die Ausführungen sind nicht nur theoretisch fundiert, sondern auch durch zahlreiche Fallstudien ergänzt, die die Anwendung von Scrum in verschiedensten Kontexten veranschaulichen.

2. "Essential Scrum: A Practical Guide to the Most Popular Agile Process" von Kenneth S. Rubin

Rubins Buch wird oft als die Bibel des Scrum Frameworks bezeichnet. In klarer und prägnanter Sprache führt Rubin durch alle Aspekte von Scrum, von der Einführung bis hin zu den spezifischen Rollen und Artefakten. Sein Buch enthält zahlreiche Diagramme, Prozessbeschreibungen und

Fallstudien, die es dem Leser erleichtern, die vorgestellten Konzepte praktisch anzuwenden. Besonders hervorzuheben sind die detaillierten Abschnitte zu den Aufgaben und Verantwortlichkeiten der verschiedenen Scrum-Rollen.

3. "Scrum Mastery: From Good to Great Servant-Leadership" von Geoff Watts

Obwohl der Titel auf die Rolle des Scrum Masters abzielt, bietet dieses Buch wertvolle Einblicke, die auch für Scrum Developer von Belang sind. Watts betont die Bedeutung des Teamzusammenhalts und der kollektiven Verantwortung in agilen Projekten. Durch praxisnahe Beispiele und Coaching-Tipps wird der Leser dazu ermutigt, über die herkömmliche Funktionsweise eines Scrum Teams hinauszudenken und zu einem echten Servant-Leader zu werden.

4. Wissenschaftliche Artikel und Konferenzbeiträge

Während Fachbücher eine solide theoretische Grundlage bieten, liefern wissenschaftliche Artikel detaillierte Einblicke in spezifische Aspekte und Weiterentwicklungen von Scrum und agilen Methoden:

- *"An Examination of Agile Methodologies: A Study of the Interdisciplinary Nature of Software Development"* von Brian P. Watson et al. Dieser Artikel untersucht die interdisziplinäre Natur von Scrum und anderen agilen Methoden und wie sie in verschiedenen Domänen angewendet werden können.

- *"Scrum in Practice: an Agile Software Project Management Method"* von Matthias Holweg und Nishith Varma, in: Journal of Software Engineering and Applications. Der Beitrag beleuchtet praxisorientierte Anwendungen und Herausforderungen, die bei der Implementierung von Scrum in Projekten auftreten können.

- *"Evaluation of Agile Practices in a Large-Scale Scrum Development Project"* von Hamed Ghaffari und Noro Souleimanova, präsentiert auf der International Conference on Agile Software Development. Die Autoren liefern eine detaillierte Analyse der Anwendung von Scrum in groß angelegten Softwareprojekten und heben bewährte Praktiken sowie häufige Fallstricke hervor.

5. Akademische Ressourcen

Neben Büchern und Artikeln bieten universitäre Ressourcen eine hervorragende Ergänzung für angehende Scrum Developer. Viele Hochschulen bieten Online-Bibliothekszugänge an, die wertvolle akademische Papiere und Dissertationen bereithalten. Webseiten wie Google Scholar, ResearchGate und Academia.edu sind ebenfalls nützlich, um

neuesten wissenschaftlichen Forschungsarbeiten zum
Thema Scrum und agile Entwicklung zu folgen.

6. Lesestrategien für effektives Lernen

Um das maximale aus der umfangreichen Literatur herauszuholen, ist es wichtig, sich effektive Lesestrategien anzu-
eignen:

- *Aktives Lesen:* Machen Sie sich beim Lesen Notizen,
  markieren Sie wichtige Passagen und formulieren Sie
  Fragen zu den gelesenen Inhalten. Dies fördert das
  kritische Denken und das bessere Verständnis der Ma-
  terie.
- *Zusammenfassungen:* Schreiben Sie Zusammenfassungen der Kapitel, die Ihnen helfen, die Kernaussagen
  zu reflektieren und zu verinnerlichen.
- *Diskutieren:* Diskutieren Sie das Gelesene mit Kollegen
  oder in Foren. Der Austausch von Ideen und Sichtwei-
  sen kann zu einem tieferen Verständnis führen.
- *Praktische Anwendung:* Versuchen Sie, die theoretischen Konzepte in Ihren aktuellen Projekten anzuwenden. Dies hilft, das Gelernte zu verfestigen und
  praktische Erfahrungen zu sammeln.

Zusammenfassend lässt sich sagen, dass die Kombination
aus Fachbüchern, wissenschaftlichen Artikeln und akademischen Ressourcen eine solide Grundlage bildet, um als

Scrum Developer erfolgreich zu sein. Die richtige Auswahl und intensive Auseinandersetzung mit diesen Materialien wird Ihnen nicht nur bei der Prüfungsvorbereitung helfen, sondern auch Ihre tägliche Arbeit als PSD bereichern und effektiver gestalten.

Online-Kurse und Trainingsprogramme

In der digitalen Ära bieten Online-Kurse und Trainingsprogramme eine äußerst wertvolle Ressource für angehende Scrum Developer, insbesondere diejenigen, die sich auf die PSD (Professional Scrum Developer) Zertifizierung vorbereiten. Diese Kurse bieten nicht nur theoretisches Wissen, sondern auch praktische Übungen, die den Lernerfolg fördern. In diesem Abschnitt werden einige der besten Online-Kurse und Trainingsprogramme vorgestellt und ihre einzigartigen Merkmale beleuchtet.

Scrum.org Online-Trainings

Die Scrum.org Plattform bietet eine Reihe von Online-Kursen, die speziell für die PSD-Zertifizierung konzipiert sind. Diese Kurse werden von erfahrenen Scrum-Trainern

(Professional Scrum Trainers, PSTs) geleitet, die über umfassende praktische Erfahrung und tiefgehendes Verständnis der Scrum-Praktiken verfügen. Zu den beliebtesten Kursen zählen der "Professional Scrum Developer" Kurs und der "Applying Professional Scrum for Software Development" Kurs. Diese Trainingsprogramme bieten interaktive Lernmodule, praxisnahe Übungen und simulierte Prüfungsbedingungen, um die Teilnehmer optimal auf die Zertifizierung vorzubereiten.

Plattformen wie Coursera, Udemy und LinkedIn Learning

Renommierte E-Learning-Plattformen wie <u>Coursera</u>, <u>Udemy</u> und <u>LinkedIn Learning</u> bieten ebenfalls hochwertige Scrum- und Agile-Kurse. Diese Kurse sind häufig flexibel gestaltet, sodass die Lernenden in ihrem eigenen Tempo voranschreiten können. Einige hervorzuhebende Kurse sind:

- "Agile Software Development" auf Coursera, angeboten von der University of Minnesota
- "Scrum Master Certification: Agile Training" auf Udemy, von Francisco Castillo
- "Agile Foundations" auf LinkedIn Learning, von Doug Rose

Diese Kurse kombinieren Video-Lektionen, Lesematerialien und interaktive Quizzes, um das Verständnis zu vertiefen.

Viele dieser Plattformen bieten auch Zertifikate an, die nach Abschluss des Kurses erhalten werden können.

Live Online-Trainings

Für Teilnehmer, die eine direktere Interaktion mit Ausbildern bevorzugen, bieten viele Organisationen Live-Online-Trainings an. <u>Scrum Alliance</u> und <u>Agile Alliance</u> bieten solche interaktiven Schulungen an, bei denen die Teilnehmer durch Live-Webinare, Diskussionen und Echtzeit-Feedback profitieren können. Diese Programme sind oft intensiver und erfordern festgelegte Zeiten für die Teilnahme, bieten aber eine personalisierte Lernumgebung und unmittelbare Unterstützung bei Fragen und Problemen.

Interaktive Coding-Übungen und Plattformen

Speziell für Scrum Developer, die ihre Programmierfähigkeiten im Scrum-Kontext verbessern möchten, bieten Plattformen wie <u>Exercism</u> und <u>Hyperskill</u> interaktive Coding-Übungen. Diese Plattformen ermöglichen es den Teilnehmern, reale Programmieraufgaben in einer kollaborativen Umgebung zu lösen, wobei sie Feedback von Mentoren erhalten. Dies hilft nicht nur, das theoretische Verständnis zu vertiefen, sondern fördert auch die praktische Anwendung der Scrum-Prinzipien in der Softwareentwicklung.

Besondere Erwähnungen

Einige herausragende Online-Kurse und Trainingsprogramme haben sich durch ihre Exzellenz und ihren Beitrag zur Scrum-Community einen Namen gemacht. Der "Professional Scrum Foundations" Kurs von Scrum.org und die "I-CAgile Certified Professional" Kurse sind Beispiele dafür, wie qualitativ hochwertige Ausbildung aussehen sollte. Diese Programme sind rigoros strukturiert und bieten tiefgehendes Wissen, das weit über die Grundlagen hinausgeht.

Abschließend lässt sich sagen, dass die Wahl des richtigen Online-Kurses oder Trainingsprogramms entscheidend für den Erfolg bei der PSD-Zertifizierung sein kann. Es ist ratsam, sich Zeit zu nehmen, um verschiedene Optionen zu prüfen und den Kurs oder das Programm auszuwählen, das am besten zu den persönlichen Lernpräferenzen und beruflichen Zielen passt. Mit der richtigen Vorbereitung durch diese hochwertigen Online-Ressourcen können angehende Scrum Developer ihre Zertifizierung mit Vertrauen und Kompetenz angehen.

Community und Foren für Scrum Developer

Die Teilnahme an Communitys und Foren für Scrum Developer kann ein entscheidender Faktor für den Erfolg auf Ihrem Weg zur PSD-Zertifizierung sein, und das aus mehreren Gründen. Innerhalb dieser Plattformen teilen Experten und Anfänger gleichermaßen ihre Erfahrungen, Herausforderungen und Lösungen, was einen unglaublichen Wissenspool schafft. Zudem bieten sie eine Gelegenheit zum Netzwerken und zur beruflichen Weiterentwicklung.

Wichtigkeit von Communitys und Foren

Communitys und Foren bieten eine breite Palette von Vorteilen:

- **Wissenstransfer:** Experten teilen Best Practices, Tipps und Techniken, die über das hinausgehen können, was in Büchern und Kursen gelehrt wird.
- **Problembehebung:** Entwickler können Fragen zu spezifischen Problemen stellen und erhalten oft innerhalb kurzer Zeit Lösungen und Ratschläge.
- **Netzwerkbildung:** Communitys bieten die Möglichkeit, Kontakte zu knüpfen, die zu beruflichen Gelegenheiten oder neuen Projekten führen können.

- **Aktualität:** Da Scrum und agile Methoden ständig weiterentwickelt werden, bieten Communitys eine Plattform für die neueste Forschung und Innovation.

Beliebte Communitys und Foren für Scrum Developer

Hier sind einige der bekanntesten und aktivsten Communitys und Foren, die sich an Scrum Developer richten:

Scrum.org Community

Die offizielle Community von <u>Scrum.org</u> ist ein hervorragender Ausgangspunkt. Hier können Sie direkt von Scrum-Trainern und -Mentoren lernen, die an der Entwicklung der Scrum-Frameworks beteiligt sind. Es gibt spezielle Foren für verschiedene Aspekte von Scrum, darunter auch eines für Entwickler. Laut der offiziellen Webseite bietet diese Community "eine Plattform für Fragen, Diskussionen und Wissensaustausch, die für die professionelle Entwicklung essentiell sein kann".

Stack Overflow

Stack Overflow ist eine der größten und aktivsten Plattformen für Entwickler weltweit. Es gibt spezielle Tags für <u>Scrum</u> und agile Entwicklung, und Sie können schnell Antworten auf technische Fragen aller Art erhalten. Die Qualität der Antworten wird von der Community bewertet,

sodass stets die hilfreichsten Lösungen hervorgehoben werden.

Reddit – Scrum Subreddit

Reddit's Scrum Subreddit ist eine weitere hervorragende Ressource. Hier diskutieren Mitglieder über eine Vielzahl von Themen, von theoretischen Konzepten bis hin zu praktischen Herausforderungen im täglichen Scrum-Einsatz. Die offene Natur von Reddit ermöglicht es, eine Vielzahl von Perspektiven und Ideen zu erforschen.

LinkedIn Gruppen

LinkedIn bietet zahlreiche Gruppen für Scrum und Agile-Methoden. Beispiele sind die Scrum Practitioners Community und die Agile and Lean Software Development Gruppe. Diese Gruppen bieten nicht nur Diskussionen, sondern auch Webinare, Networking-Events und manchmal sogar Jobangebote.

Meetup.com

Auf Meetup.com finden Sie lokale und internationale Gruppen, die sich regelmäßig treffen, um über Scrum und agile Methoden zu diskutieren. Diese Meetups sind oft informeller Natur und bieten den Vorteil persönlicher Interaktionen und praktischer Workshops.

Vorteile der Teilnahme an Communitys und Foren

Die Teilnahme an diesen Plattformen kann zahlreiche Vorteile bieten:

- **Erweiterung des Fachwissens:** Durch die Interaktion mit anderen Experten erweitern Sie Ihr eigenes Wissen und bleiben auf dem neuesten Stand der Scrum-Entwicklungen.
- **Prüfungsvorbereitung:** Viele Communitys teilen Prüfungstipps und praxisorientierte Beispiele, die besonders bei der Vorbereitung auf Zertifizierungen wie die PSD nützlich sind.
- **Berufliche Entwicklung:** Netzwerken innerhalb solcher Gruppen kann zu Jobmöglichkeiten und professionellen Kooperationen führen.
- **Persönliche Motivation:** Der Austausch mit Gleichgesinnten, die ähnliche Herausforderungen bewältigen, kann die persönliche Motivation und den Lernerfolg stärken.

Zusammengefasst bieten Communitys und Foren eine dynamische Lernumgebung, die Bücher und offizielle Schulungen ergänzen und verbessern kann. Es lohnt sich, regelmäßig an diesen Diskussionen teilzunehmen und sich aktiv

zu engagieren, um das Beste aus den zahlreichen vorhandenen Ressourcen herauszuholen.